Yves RAY

Balades et randonnées le long du Haut-Rhône

entre Lyon et Genève

Tome 2

de Lucey à la Croisette (Salève)

23 balades et randonnées à la journée ou à la demi-journée

AIN - SAVOIE - HAUTE-SAVOIE - SUISSE

Collection **Caline Sentiers**

Éditions GAP • 2025

Le plus souvent dompté, parfois encore sauvage, le Rhône déroule son long ruban d'eau aux couleurs changeantes. Il a façonné et embelli le paysage afin de mieux s'offrir au regard du visiteur.

*L'homme s'attache au fleuve, il apprécie la ligne de ses courbes,
la force de son flot.*

*Les plaines, les collines et les montagnes sont les témoins de son spectacle d'eau.
Ses berges se mirent dans son cours capricieux.*

Photo de couverture :

Le Rhône à la Vierge de Léaz (cliché Ursula Menon)

Avertissement

L'auteur et l'éditeur ne pourraient en aucun cas être tenus pour responsables d'accidents survenus dans les parcours présentés dans ce guide de randonnées, sachant que l'ouvrage informe clairement des difficultés et des dangers et que le randonneur ainsi renseigné reste seul responsable des choix qu'il effectue par rapport à ses capacités et (ou) aux risques inhérents aux itinéraires de montagne.

Fonds de cartes : IGN - 2024 - SCAN 25
2, rue du Marais - ZAC du Puits d'Ordet - 73190 CHALLES-LES-EAUX - France
Tél., 04 79 33 02 70 – e.mail : librairie@gap-editions.fr – www.editionsgap.fr

ISBN : 978-2-7417-0778-3 • EAN : 9782 74170 7783
Dépôt légal : 2e trimestre 2025
Imprimé en Union européenne en avril 2025

Préface

Cet ouvrage vient en remplacement du guide « Sentiers des Pays du Haut-Rhône » édité par « Caline Sentiers » en mars 2011. Nous ne pouvons pas parler de réédition car l'ouvrage a totalement été remodelé.
Quelques randonnées sur les secteurs remarquables du Bugey, de Savoie ou du Jura ont été conservées, d'autres ont été modifiées ou supprimées et remplacées. De nombreuses nouvelles balades faciles et inédites enrichissent le livre et adoucissent les difficultés car l'édition précédente était jugée trop ardue.

Pour alléger le prix, mais aussi pour éviter les trop longs déplacements pour se rendre sur le lieu de départ des promenades, le topo est proposé en deux tomes :

- Le tome 1 (entre Lyon et Yenne) décrit des itinéraires allant de Loyettes dans l'Ain à Yenne en Savoie.
- Le tome 2 (entre Yenne et Genève) décrit des parcours allant de Lucey en Savoie au Mont Salève en Haute-Savoie.

L'ouvrage n'en est pas moins considéré comme une seule entité et contient dans les deux tomes la même introduction et la même préface.

Ce nouveau guide de randonnées d'une conception nouvelle est tout naturellement proposé avec un nouveau titre plus parlant : « Balades et Randonnées le long du Haut-Rhône ».

Long ou petit parcours, chaque circuit mène à la découverte de paysages typiques, de curiosités naturelles ou de sites historiques, laissant un souvenir inoubliable.

Yves RAY

Sommaire

Situation des randonnées

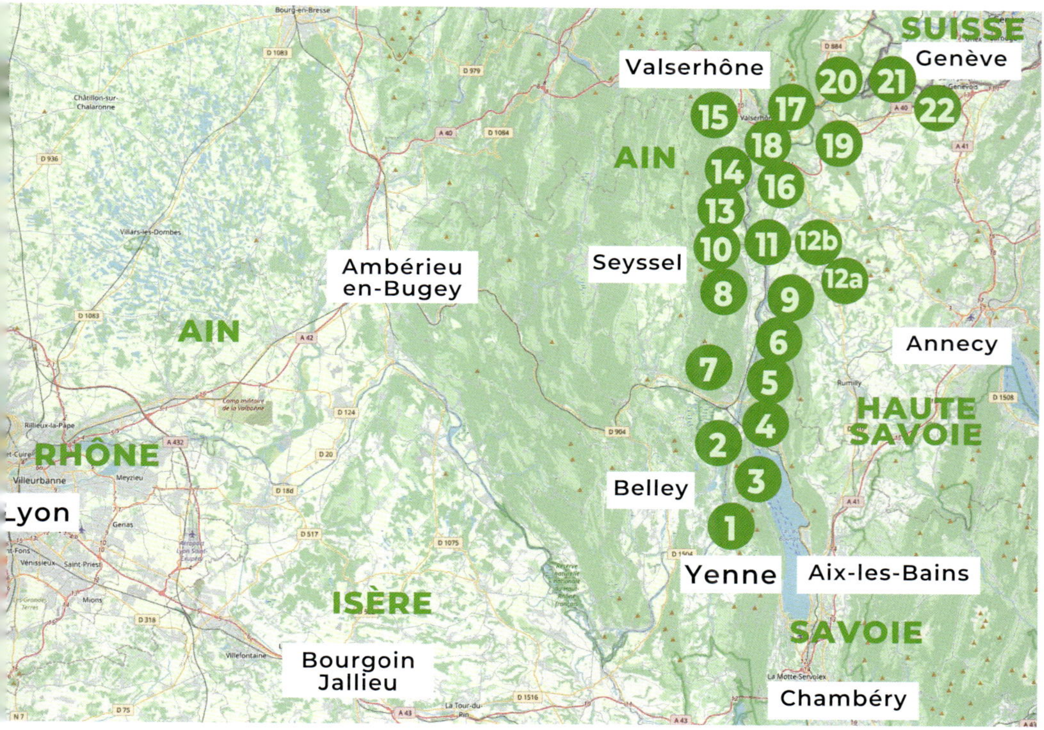

Classement par temps de marche

Entre 1 h et 3 h de marche

N°	Itinéraire	Km	Temps	Dénivelée	Page
4.	**Vions** - LE MOLLARD DE VIONS	5,9	2 h 00	156 m	34
9.	**Motz** - SENTIER ET POINTS DE VUE DU BARVY	3,25	1 h 30	260 m	61
10.	**Corbonod** - GRANGE AUX MOINES - CASCADE D'EILLOUX	4,5	1 h 30	90 m	65
11.	**Bassy** - ENTRE LE RHÔNE ET LES USSES	7,4	2 h 30	185 m	69
12b.	**Droisy (parking des randonneurs)** MONTAGNE DES PRINCES	7,1	3 h 00	330 m	76
13.	**Chanay** - SENTIER DE LA DORCHES	7	2 h 45	235 m	80
15.	**Catray** - SUR LE JAY	4,5	1 h 30	130 m	91
16.	**Éloise** - PONT DE GRÉSIN - TINES DE PARNANT	7,4	3 h 00	302 m	95
20.	**Pougny** - MARAIS DE L'ÉTOURNEL	2,3	1 h 00	9 m	116
21.	**Chancy** - RÉSERVE NATURELLE DU VALLON DU LONGET	4,85	2 h 00	150 m	123
22.	**La Croisette** - SENTIER DU SALÈVE	5,3	2 h 00	170 m	128

Entre 3 h et 5 h de marche

N°	Itinéraire	Km	Temps	Dénivelée	Page
2.	**Cressin-Rochefort** - LAVOURS - LAC BARTERAND	14,6	5 h 00	384 m	21
3.	**Chanaz** - MONT LANDARD - PIERRE NOIRE	14,8	5 h 00	438 m	28
5.	**Grange-Neuve** - MONT CLERGEON	9,5	3 h 15	305 m	40
6.	**Serrières-en-Chautagne** - LE GROS FOUG	12	4 h 30	765 m	44
8.	**Sur Lyand** - SUR L'HERGUES - CIRCUIT DES CRÊTES	16,2	5 h 00	490 m	55
14.	**Surjoux** - PONT DE PYRIMONT - CHALLONGES PAIN DE SUCRE	9,3	3 h 15	280 m	84
17.	**Le Sorgia** - GRAND CRÊT D'EAU	8,9	3 h 15	460 m	100
18.	**Léaz** - VIERGE - FORT L'ÉCLUSE	11,35	5 h 00	525 m	105
19.	**Vulbens** - GOLET PEY - ORATOIRE STE-VICTOIRE	9,7	3 h 30	350 m	112

Plus de 5 h de marche

N°	Itinéraire	Km	Temps	Dénivelée	Page
1.	**Lucey** - LA CHARVAZ	16,3	6 h 45	1025 m	16
7.	**Le Fenestré** - CHANDURAZ - GRAND COLOMBIER	18,2	6 h 00	660 m	50
12a.	**Chavanne-d'en-Bas** - MONTAGNE DES PRINCES	13,75	5 h 15	785 m	73

Introduction

Avec cet aperçu géographique et historique, l'utilisateur de ce guide s'imprégnera de l'atmosphère du fleuve et des paysages qu'il a façonnés.

Le Rhône prend sa source dans le glacier du Rhône, en Suisse, à une altitude de 2209 m, à l'extrémité orientale du Valais, dans le massif du Saint-Gothard. Parcourant 812 kilomètres (dont 531 km en France), avant d'atteindre la Méditerranée, il est le plus puissant des fleuves français car son bassin-versant est constitué par des montagnes abondamment arrosées.

Le cours du Rhône peut être découpé en plusieurs tronçons :

- **Le Rhône suisse :** torrent alpestre fougueux qui dévale les fortes pentes entre les chaînes des Alpes de Berne et du Valais et qui se jette dans le lac Léman.
- **Le Haut-Rhône français** (entre Genève et Lyon) : de nombreux affluents le rejoignent dont le Fier, le Guiers et la rivière d'Ain. Dans cette partie de son cours, le régime du Rhône est de type glaciaire, car son débit est fortement influencé par la fonte des glaciers (maximal en été et minimal en hiver). À Lyon, il entre en confluence avec la Saône, son principal affluent, qui constitue une importante voie de communication avec les régions du nord.
- **Le Moyen-Rhône :** le Rhône se heurte au Massif Central qui lui fait dévier sa course plein sud. Il s'enrichit de l'Isère.
- **Le Bas-Rhône :** s'approche de la mer, grossi par de nombreux affluents (dont la Drôme, l'Ardèche, le Durance, le Gard...).
- **Le Delta du Rhône :** après Beaucaire, il se divise en deux bras endigués qui enserrent la Camargue (le Petit et le Grand Rhône).

Entre 14 000 et 12 000 av. J. C., les Magdaléniens (nomades chasseurs, cueilleurs et pêcheurs) occupent plus ou moins régulièrement quatre emplacements riverains du Haut-Rhône : il s'agit des Grottes de la Balme à la Balme-les-Grottes, des grottes de la Gaillarde à Sault-Brenaz, de la Bonne Femme à Brégnier Cordon et des Romains dans le défilé de Pierre-Châtel.

Les fouilles dans ces sites ont mis au jour un outillage adapté à la chasse : sagaies, couteaux, grattoirs, burins... étaient fabriqués avec de la pierre (silex), du bois, de l'os et du bois de renne...

En Gaule, Romains, Burgondes et Francs se succèdent entre 125 av. J. C. et 534 de notre ère. En amont de Lyon, les Allobroges deviennent peuple tributaire à partir de 121 av. J.-C. Les Peuples Ambarre (confluent de l'Ain), Séquane (Bugey et

Revermont) et Helvète (Pays de Gex) passent sous le joug romain après la conquête césarienne (58 av. J.-C.).

L'époque romaine : comme partout dans l'empire, les Romains organisent l'espace régional autour des grands pôles urbains (Belley, Briord, Aoste...) et des grands domaines agricoles (villae) desservis par des voies de communication bien entretenues.
Le transport fluvial, nettement moins cher que le transport terrestre, prend de l'ampleur. La corporation des nautes, négociants avisés et prospères, gère l'activité. Leur notoriété est considérable, notamment parce qu'ils convoient les impôts à Rome. Cette corporation a son siège à Lugdunum (Lyon), dans le quartier du commerce, entre Saône et Rhône.
Paniers, tonneaux, amphores, verreries, outils... de cette époque ont été retrouvés et sont exposés dans plusieurs musées (Brou, Aoste...). Des tombeaux romains sont également témoins de cette période.
Depuis l'Antiquité, barques et bacs à traille sont lancés sur les eaux, passerelles et ponts sont construits pour enjamber rivières et fleuves. Car de tout temps, il a fallu faire circuler les marchandises.

À partir du Moyen-Âge, les seigneurs et les religieux (chartreux de Pierre-Châtel, seigneurs de Miribel, Montluel, Anthon...), possesseurs de terrains sur les deux rives, retirent profit des péages.
On appelle « port fluvial » tout ou partie d'un complexe qui rassemble sur un même lieu de la berge, un débarcadère (ponton, quai, grève, chemin), un bac, un pont et les droits de passages affectés à ces installations.
Ainsi, un bateau parti de Beaucaire (au nord de la Camargue) aura passé au moins 33 péages en arrivant au Parc (Surjoux), dernier port à l'amont du Haut-Rhône. Les deux derniers péages ont disparu en 1860, à la suite de la fermeture des douanes franco-sardes de Cordon et de Chanaz.
Au XVe siècle, les confréries et les corporations se structurent autour des saints patrons. D'ailleurs au XXIe siècle, les mariniers de tous les fleuves sont encore groupés en confrérie de Saint Nicolas qui protège convois, équipages et cargaisons.
De l'époque romaine au développement de la vapeur (1830-1840), le halage fut la seule technique de transport des marchandises par le fleuve à la remonte.
Le Haut-Rhône était classé flottable (pour les trains de bois) en amont du Parc (Surjoux) et navigable en aval jusqu'à Lyon. Les pertes du Rhône, noyées par le barrage de Génissiat, interdisaient en effet toute navigation entre le Parc et Genève. La navigation n'était possible que pendant les périodes de hautes eaux, du printemps à l'automne. Cette activité était toutefois périlleuse, laborieuse et même audacieuse. Il fallait maîtriser la turbulence du courant entre les écueils rocheux, manœuvrer dans les rapides, comme le Trou du chien, en amont du pont de Yenne, éviter les lônes de Culoz et les sables de Cordon, passer les défilés de Pierre-Châtel et de

Saint-Alban, franchir l'escalier de Sault-Brénaz avec le Grand Saut, le Petit Saut et le Saut de la Marion...
On descendait à 10 km/h, porté par le courant et aidé de rames et de voile, contre 2 km/h à la remonte.

Le halage (ou **tirage**) désignait tout trafic remontant le fleuve. Sur le Haut-Rhône, la remonte n'était possible que par halage humain (les haleurs) ou animal (la couble). Au début du XIXe siècle, les chemins de halage étaient mal entretenus et rendaient l'opération épuisante. Cette technique mettait Seyssel à 15 ou 20 jours de Lyon.
La navigation à la **cordelle** se faisait par convoi de 4 à 5 bateaux auxquels il fallait ajouter quelques bateaux auxiliaires. Elle nécessitait un équipage de 25 chevaux et plusieurs dizaines d'hommes.

Le Haut-Rhône était une voie commerciale de décize (descente) vers les marchés du Moyen et du Bas-Rhône : essentiellement négoce de bateaux, de bois et de pierre de taille, mais aussi de chaux, de minerai de fer, d'asphalte et de ses produits dérivés (goudrons, vernis, graisse, huile de bitume...). Aujourd'hui les mines d'Orbagnoux (Corbonod) continuent l'extraction de roche pour produire de l'huile de schiste sulfonée utilisée en cosmétique et en médecine.
Ce commerce ne remontait qu'un faible volume de marchandises, constitué de sel de mer, de meules de moulins en pierre volcanique, de blé en période de disette, de produits méditerranéens ou coloniaux achetés dans le port de Marseille.

La navigation à vapeur : le 17 octobre 1837, l'Abeille, un petit vapeur de 24 cv, franchit le saut de Brénaz et arrive le jour même à Seyssel.
L'arrivée des vapeurs sur le Haut-Rhône fit pratiquement doubler le tonnage de fret. Entre 1851 et 1886, six bateaux à fond plat prennent le relais du service de messagerie et de voyageurs entre Lyon et Aix-les-Bains. Mais la navigation à vapeur n'a jamais pu concurrencer le rail pour le transport des marchandises et des voyageurs.

Aujourd'hui quelques gros bateaux de plaisance quittent encore le port d'Aix-les-Bains pour rejoindre le port de Belley par les canaux de Savières et de dérivation du Rhône.

Le Haut-Rhône, pourvoyeur d'énergie

Bellegarde-sur-Valserine a été une des premières villes françaises à bénéficier de l'éclairage public électrique. Un barrage en amont des pertes du Rhône (1874), puis un second sur la Valserine (1883) assurent l'alimentation en électricité de cette agglomération.

Quelques années plus tard, Lyon se branche sur l'électricité, avec la centrale hydroélectrique du barrage de Cusset (1899).

En 1933, l'État français confie à la Compagnie Nationale du Rhône (CNR) les missions d'entretien et d'exploitation du Rhône avec trois objectifs:
- Produire de l'hydroélectricité
- Permettre la navigation et favoriser la promotion du transport fluvial
- Développer l'agriculture par l'irrigation et le drainage.

De 1937 à 1947, la CNR fait construire le barrage-poids de Génissiat avec sa centrale hydroélectrique.

Sources: - Le Haut Rhône (un fleuve chez les hommes) André Juillard et Carole Desplanque – Terre d'eaux - Le Rhône (Mémoire d'un fleuve) – les patrimoines – le Progrès.

Actuellement, le fleuve est dompté et endigué entre Seyssel et Brégnier-Cordon, grâce aux barrages de Motz, Lavours, Brens, Brégnier-Cordon et leurs canaux de dérivation.
Des activités aquatiques et touristiques se développent avec les bases de loisirs de la Vallée Bleue à Montalieu et du Point Vert à Serrières-de-Briord, la base nautique de Sault-Brénaz (barrage de Villebois), l'« espace sport et nature » de Motz, la base nautique de Seyssel, les ports de Groslée, Murs, Virignin, Belley, Massignieu de Rives, Chanaz...
Une Véloroute a été construite: « la Via Rhôna », qui relie le Léman à la Méditerranée.
Plusieurs sites sont aménagés pour le décollage des parapentes (vol libre).
Le canyonisme se pratique dans des torrents comme la Pernaz à Serrières-de-Briord.
Quelques falaises sont équipées en écoles d'escalade.
La pêche, activité ancestrale, est un loisir très prisé. En période de chasse, des battues aux sangliers sont régulièrement organisées. Le biotope (marais, fleuve, culture du maïs et forêts denses) étant favorable à l'espèce. Hors période, des battues administratives prolongent parfois l'exercice.

La randonnée (pédestre, équestre, VTT) est bien représentée avec de nombreux itinéraires balisés. Des circuits à la journée, des sentiers thématiques et des sentiers de grande randonnée (GR) sillonnent la région.
En hiver, le ski de fond, et la randonnée à raquettes à neige sont pratiqués sur les hauteurs.

Hôtels, gîtes et campings accueillent les visiteurs.

Des réserves naturelles et des zones de protection du biotope (étangs de Mépieu, îles du Haut-Rhône, marais de Lavours, îles de Chautagne - Malourdie, marais de l'Étournel...) ont été mises en place dans le but de préserver des milieux naturels sensibles.

FAUNE ET FLORE DU HAUT-RHÔNE ET PLUS PARTICULIÈREMENT DES RÉSERVES NATURELLES ET ZONES DE PROTECTION DE LA FAUNE ET DE LA FLORE

(Liste non exhaustive)

Mammifères :	Sangliers, lièvres, renards, chevreuils, cerfs élaphes, castors, blaireaux, rats noirs…
Reptiles et batraciens :	Vipères aspic, couleuvres vipérines, couleuvres vertes et jaunes, crapauds sonneurs, lézards verts et lézards des murailles…
Oiseaux :	Grand butor, héron, aigrette, canards en tous genres, loriots, pics-verts et pic épeiches, épeichettes, gorge bleue, cincle, martin-pêcheur, diverses mésanges, rossignols, fauvette, grèbes castagneux, busard des roseaux, balbuzars, milan royal et noir (migrations)…
Coléoptères et insectes :	Cordulies à taches jaunes, æschnes printanières, mantes religieuses, sympetrum commun, cigales, leste fiancée, orthetrum commun…
Plantes aquatiques :	Phragmites, scirpes, joncs, iris d'eau, carex vésiculeux, carex pseudocyperus, potomat crêpa, cérathophilles immergés, renouées amphibies, roseaux à balais, massettes à larges feuilles, élodées, hottonies des marais…
Arbres :	Saules de Marsault, peupliers bâtards, aulnes, trembles, frênes, acacias, peupliers blancs, saules blancs, saules cassants, saules des vanniers, bouleaux, érables, saules grisards…
Flore terrestre :	Lysimaques, salicaires, solidago canadesis, chicorées, ronces, euphorbes, petits cyprès, renouées, saponières, carottes sauvages, vipérine, menthe aquatique, erchis des marais, prêles des marais, chardons des marais, trèfles bâtards, gaillet mollugine, crépis bisannuels, aigremoines eupatoires…

Source : Antoine Garugati Naturaliste

Avant-propos

Qu'elle se déroule en montagne, dans des collines ou en plaine, une randonnée ne s'improvise pas. Les conseils qui suivent sont destinés à vous aider dans l'étude et dans le choix des circuits.

L'itinéraire se prépare la veille : carte au 1/25000e déployée sur la table ou carte électronique étudiée sur l'ordinateur, pages du guide lues et relues et recherches internet, vous vérifiez le tracé du parcours, la dénivelée, vous repérez les chemins pentus, les sentiers non répertoriés, les variantes possibles... Vous vous informez de l'itinéraire routier pour vous rendre sur le lieu de départ. Le lendemain, en arrivant sur le parking, vous reconnaîtrez immédiatement le sentier par lequel vous commencerez la promenade.

Ce guide vous permet de découvrir toute la diversité des paysages le long du Haut-Rhône.

Les temps de marche, les dénivelées positives cumulées et les distances parcourues sont des indications précieuses destinées à vous guider dans le choix du circuit.
Le temps de marche est compté largement. La durée totale des arrêts (pique-nique, pauses...) est toutefois déduite.
La dénivelée positive cumulée : c'est l'addition de toutes les différences d'altitudes effectuées à la montée.
La distance est celle indiquée par le GPS.

Ainsi, nous remarquons que les temps de marche s'étalent de 1 h 00 (circuit 20, à Pougny - Marais de l'Étournel) à 6 h 45 (circuit 1 : à Lucey - la Charvaz). Les dénivelées positives vont de 9 m (circuit 20, à Pougny) à 1 025 m (circuit 1 : à Lucey). Les distances s'étalent de 2,3 km (circuit 20 à Pougny) à 18,2 km (circuit 7 : au Fenestré - Grand Colombier).
Les montées ne sont jamais très longues. Nous ne sommes pas dans les Alpes où 1 400 à 1 500 m de dénivelée positive sont parfois franchis d'un seul trait. Le relief des pays du Haut-Rhône, bien qu'accidenté, n'autorise pas des parcours aussi sévères mais les temps de marche (marcher pendant 6 h 45 demande incontestablement un entraînement), des dénivelées positives cumulées (1 025 m) et les distances (18,2 km) imposent de qualifier certains circuits de « sportifs ».

Chacun peut donc choisir selon ses capacités et ses goûts, mais aussi en fonction des caractéristiques décrites pour chaque itinéraire.

Les représentations des itinéraires sont les copies de mes traces GPS. Elles apparaissent finement dessinées et fléchées en rouge sur des fonds de cartes IGN scan 25.
Mais seule la section concernant le parcours est représentée. Vous devez donc impérativement vous munir de votre carte IGN au 1 : 25000 afin de mieux prendre vos repères par rapport à votre environnement.
Votre GPS avec cartes (et/ou votre boussole et votre altimètre) sont des outils indispensables pour votre orientation. Vous devez également être capable de lire et d'interpréter un paysage.
Les indications données dans les descriptions (nord, sud, est, ouest) sont approximatives et se réfèrent avant tout à la position du soleil et à l'orientation des chaînons et du fleuve.

La numérotation des circuits suit un ordre géographique : du point le plus aval, à Lucey (circuit 1), nous remontons peu à peu le cours du fleuve pour arriver à l'itinéraire le plus en amont du Tome 2 (circuit 22 à la Croisette, sur le Salève).

En randonnée, les classifications de difficultés sont souvent subjectives. Je ne les emploie donc pas, d'autant qu'elles peuvent faire confusion avec l'échelle (facile, peu difficile, assez difficile, difficile, très difficile) utilisée en alpinisme. Une cotation des difficultés peut donc faire obstacle à l'initiative, certaines personnes se sentant exclues, par exemple d'un parcours classé assez difficile, alors qu'elles sont tout à fait capables de le réaliser.

Les titres des circuits : ils évoquent les buts ou les lieux les plus remarquables de la randonnée (lieux-dits, sommets, belvédères, villages, vestiges...).
Sur la carte, les lieux les plus remarquables et les points de vue sont marqués d'une étoile.
Le sous-titre de chaque circuit : c'est le nom du lieu de départ (village, hameau, lieu-dit...).

Les descriptions de quelques itinéraires peuvent sembler longues et fastidieuses : précision oblige. Certains chemins n'étant ni balisés, ni fléchés, il est indispensable de signaler chaque croisement, chaque voie, chaque repère, chaque changement de direction... Cette remarque concerne essentiellement les circuits 1, 2, 3, 4 et 16.

Les temps de marche sont largement comptés : vous pouvez contempler le paysage et prendre des photos. Il ne s'agit pas de courses mais bien de randonnées où l'on prend son temps pour admirer le panorama, contempler la flore ou la faune, apprécier le patrimoine...

Votre équipement

- Bonnes chaussures de marche, sac à dos pour les vêtements, le pique-nique et une petite pharmacie de secours, couverture de survie, guêtres par temps humide, vêtements de rechange en cas de pluie ou de forte chaleur, tenue de pluie ou chapeau de soleil selon la météo, crème solaire, lunettes de soleil et eau.

- Le sifflet : il permet de signaler votre présence si vous vous êtes égaré :
. 6 éclats de sifflet : nous avons besoin de secours.
. 3 éclats de sifflet : nous n'avons besoin de rien.

- Le téléphone portable pour appeler les secours : Sécurité civile : 112

- Un sécateur, outil peu encombrant dans le sac à dos, peut être utile dans les secteurs broussailleux, plus particulièrement sur les sections non balisées où les chemins ne sont pas toujours entretenus.

- Les bâtons de marche : il vous faut deux bâtons télescopiques. Ces outils vous permettront de monter avec un moindre effort et de garder l'équilibre dans les fortes pentes ou à la descente. Mais pour les petits circuits, une simple trique taillée dans une branche de noisetier pourra suffire : elle vous servira aussi à fouetter l'ortie ou l'épine récalcitrante ou à taper sur le sol pour effrayer les éventuelles vipères.

- En plus du guide de randonnées, n'oubliez pas de vous munir de la carte IGN top 25 correspondante, d'une boussole et d'un altimètre (et d'un GPS). La carte au 1/25000e donne une vue d'ensemble sur une partie du massif, elle permet donc de mieux s'orienter car elle précise de nombreux repères (sommets, cours d'eau, lacs, villages...), le guide ne reprenant que la petite surface qui concerne la promenade.

- Le GPS de randonnée (installé sur un smartphone) est un outil moderne d'orientation complémentaire de la carte. Il peut s'avérer indispensable sur quelques parcours non balisés. Attention, il est cependant impossible de l'utiliser lorsqu'il n'y a pas de réseau et cet appareil très gourmand en énergie. Il faut donc prévoir de recharger son smartphone avant la randonnée.

Quelques conseils

- Informez-vous des risques météorologiques.
- Ne vous approchez pas des berges du fleuve : les glissades avec risques de noyade ne sont pas à négliger, surtout lorsque le Rhône est en crue.
- Renseignez-vous sur les travaux d'exploitation forestière.
- Choisissez des itinéraires en fonction de vos aptitudes.
- Garez votre véhicule là où il ne gênera personne.
- Pendant la randonnée, prenez le temps de vous reposer là où se présentent les beaux points de vue.
- Respectez les clôtures et les récoltes.
- Nettoyez l'emplacement de vos pique-niques et rapportez vos détritus.
- Respectez les autres utilisateurs de la nature.
- Ne jetez jamais un objet du dessus d'une falaise : d'autres personnes peuvent être en contrebas.
- Respectez la réglementation en vigueur et les zones de protection du biotope.

À tous les utilisateurs de ce guide, je souhaite de très agréables balades ou randonnées et de très belles découvertes le long du fleuve roi.

Y.R.

Signification des pictogrammes utilisés dans la description de chaque itinéraire

Temps de marche

Dénivelée positive cumulée

Accès voiture, parking

Longueur itinéraire

Remarques Précautions

AU DÉPART DE LUCEY (240 m)

1. La Charvaz (1 161 m)

6 h 45

16,3 km

1025 m

Parcours réservé à des randonneurs expérimentés : dénivelée positive cumulée et temps de marche conséquents, descente abrupte (à proscrire sur sol mouillé) et passage au-dessus des escarpements.

De Belley, prendre la direction de **Chambéry** par la **D1504**. Au rond-point de **Yenne**, bifurquer à gauche par la **D921**. Laisser son véhicule sur la place de l'église de **Lucey** ou sur un parking du village (l'itinéraire est décrit à partir de l'église).

Ce sommet apparaît comme incontournable dans un guide de randonnées traitant du Haut-Rhône. La contrée est très attachante, offrant de nombreux points de vue, une belle forêt, un vignoble réputé, des églises remarquables...

L'église de Lucey.

ITINÉRAIRE

Montez par la route départementale (D218) et après l'entrée du château, empruntez le sentier fléché qui gravit le coteau. Vous dépassez les ruines des « moulins du Biez Blanc » avant de retrouver la route que vous utilisez, à droite. Au « Gué du Biez Blanc » (290 m), prenez le chemin à droite. À l'intersection de « la Torna » (panneau : 310 m), appuyez à gauche (tout en ignorant le sentier le plus à gauche). Vous aboutissez dans le hameau viticole de « Vraisin » (340 m). Traversez vers la fontaine et poursuivez en face, par le chemin herbeux qui passe entre deux propriétés bâties. Empruntez ensuite la route à droite et tout de suite le « sentier des

CIRCUIT PÉDESTRE : Église de Lucey (240 m) - **Vraisin** - le Plat (478 m) - le Saut de l'Âne - **Ontex** (720 m) - La Cauche - Le Puiset - **la Charvaz** (1161 m) - **les Jacquins** (494 m) - **Billième** - la Croix des Fourches - le Noyer - **Jongieux-le-Haut** (395 m) - **Jongieux** (317 m) - **Aimavigne** - Château la Mar - **Barcontian** - Le Vernay - **Lucey.**

échelettes » à gauche contre un pré. Vous marchez sur un joli chemin taillé entre les buis et les murets de pierres sèches pour gravir facilement les premiers escarpements de la montagne. Vous gagnez rapidement un point de vue sur le vignoble, le Rhône et le Bugey…

À l'intersection après une clairière, continuez tout droit. La trace se faufile dans une végétation luxuriante avant de déboucher sur un chemin que vous empruntez en face.

À l'embranchement du « Plat », appuyez à gauche. Après avoir traversé un pierrier (« le Saut de l'Âne »), vous rejoignez la RD 210b que vous empruntez avant d'utiliser le premier chemin, à une cinquantaine de mètres linéaires à droite. Vous retrouvez la RD peu avant « Ontex ». Dans le village (boîtes aux lettres, 720 m), montez à droite, dépassez le four banal, puis virez à droite par « le chemin des Barmes ». Bifurquez à droite entre un bâtiment d'exploitation agricole et des captages. Prenez encore à droite à la fourche suivante. « Aux Barmes » (819 m), utilisez le sentier à gauche. L'itinéraire descend jusqu'à la route du « Mont » que vous empruntez à gauche pour un aller-retour au « point de vue des tables » (de pique-nique !) qui regarde le lac du Bourget et les montagnes environnantes. Revenez sur vos pas et à l'embranchement de « l'Arcelet » (petite madone, 737 m) empruntez le chemin à gauche. Un peu plus loin, tournez à droite.

À partir de là, « Charvaz » est signalée par des panneaux directionnels. L'itinéraire contourne un pré creux puis monte

Point de vue des tables.

Four banal à Ontex.

dans la forêt en ignorant les traces qui descendent à droite. Dans une fourche en Y (épicéas, érables), montez par la branche de droite. Conservez ensuite le chemin principal. Vous parvenez sur une piste que vous utilisez à gauche pour tout de suite monter par le « sentier des charbonniers » à droite. Sur les hauteurs, vous trouvez de nombreux vestiges de fours à charbon de bois. Deux cairns et des pancartes vous invitent à grimper par la sente de droite : trace qui se divise plus loin en trois. À droite, vous aboutissez au point culminant de « la Charvaz » (sommet nord) marqué par un gros cairn. À gauche, vous atteignez un large point de vue (sommet sud) : Bugey, Rhône, lac du Lit au Roi, Belley, Yenne, Vercors, Chartreuse, Dent du Chat, lacs de Saint-Jean-de-Chevelu, chaîne de Belledonne, Croix du Nivolet... s'offrent généreusement au regard.

Attention, surveillez les enfants, car les débonnaires pentes herbeuses surplombent les falaises de la Charvaz.

Entre les deux sommets, une sente (la troisième branche) descend vers l'ouest, dans le talweg. Un vieux panneau indique la direction « d'Ontex » et des balises bleues, que vous laisserez plus bas, marquent la trace. La pente est raide et l'usage des bâtons s'avère utile. Sur sol mouillé, il est vivement déconseillé d'emprunter ce parcours. La trace côtoie ensuite le bord supérieur de quelques escarpements de faible hauteur, cependant dangereux.

Au croisement, quittez le balisage pour continuer à descendre par la piste du milieu. Plus loin, ignorez un sentier à droite et poursuivez tout droit par le chemin herbeux. Conservez la voie principale qui dessine deux épingles, dépasse une grange et un captage avant de s'élargir en bifurquant à droite.

Ignorez le sentier de « Saint-Jean-de-Chevelu » en face, puis à l'embranchement suivant (bancs, point de vue), continuez tout droit par la piste empierrée. Descendez jusqu'au hameau des « Jacquins » où vous continuez un instant sur l'asphalte. Dans un virage à gauche, laissez le premier chemin à droite pour descendre en face, par une voie partiellement goudronnée au début.

À « Billième », tournez à droite au niveau d'une maison rénovée, puis continuez

La Charvaz.

à gauche (balisage VTT). Dépassez la dernière villa du village puis gardez la piste carrossable en ignorant tous les chemins de droite comme de gauche. Vous arrivez ainsi rapidement à « Jongieux-le-Haut ». Empruntez la route départementale (D210) en face. Dépassez la fontaine, puis un peu plus loin, bifurquez à gauche par le sentier de Grande Randonnée numéro 9 (balisage blanc et rouge) que vous conservez pour traverser les villages et hameaux de « Jongieux » et « Aimavigne ». L'itinéraire monte à droite avant le panneau indiquant « Barcontian ». À la fourche devant une maison, il utilise la branche de gauche. Vous fermez votre boucle à l'intersection de « la Torna » (310 m) et vous revenez par l'itinéraire utilisé au départ.

Le vignoble de Jongieux.

AU DÉPART DE CRESSIN-ROCHEFORT (250 m)

2. Marais de Lavours Vignoble de Flaxieu Lac de Barterand

La diversité distingue cette promenade: vestiges et patrimoine architectural, prairies, forêts, marais, vignoble, vergers et lacs... s'offrent tour à tour dans un cadre bugiste de caractère.

5 h

14,6 km

384 m

Parcours non balisé (hormis le retour entre le lac de Barterand et Cressin-Rochefort).

De Belley (rond-point du centre commercial), prendre la **D992** en direction de **Culoz**. Ignorer la D37 à gauche, laisser à droite la route de Massignieu-de-Rive (pont) puis bifurquer à gauche en face du **lac du Lit au Roi** (par la **D37b**). Traverser le village de **Cressin-Rochefort** et, à l'embranchement, continuer tout droit par la **D37c**.
De Culoz, se diriger vers **Ruffieux** et **Aix-les-Bains** par la **D904**, puis bifurquer à droite par la **D992** en direction de **Belley**. Rejoindre **Rochefort** (pont sur le Séran) et continuer en direction de **Cressin-Rochefort** par la **D37c**.
Garer son véhicule sur la **place de la mairie** qui se trouve entre les deux hameaux de Cressin-Rochefort (grand parking).

Vignes de Flaxieu, marais de Lavours et Grand Colombier.

LE CHÂTEAU DE ROCHEFORT

La construction du château fort doit dater de 1100 et son premier Seigneur fut Gui de Rochefort (1159). Le dernier suzerain fut Louis-Honoré de Montillet, Marquis de Rougemont, qui dut émigrer en 1792.

Sitôt le dernier Seigneur parti, ce château fut offert comme résidence aux plus pauvres de la commune. En 1886, on pouvait encore recenser dix ménages avec vingt-six habitants.
À partir des années 1950, le château abandonné se dégrade. La commune doit en faire abattre une partie.
De 1991 à 2003, les jeunes travailleurs bénévoles de Concordia restaurent et consolident les ruines de l'édifice.

Source : panneau d'information sur le site

CIRCUIT PÉDESTRE : Mairie de Cressin-Rochefort (250 m) - **Parissieu** (279 m) - **Château de Rochefort** - Vieux Moulin - Prairie de Flay - **Flaxieu** (285 m) - en Pommont (316 m) - les Dorées - **Marignieu** (351 m) - le Sauget - **Lac de Barterand** (300 m) - Montagne de Chamoise (Bois de la Côte : 472 m) - **Cressin** (278 m) - **Mairie de Cressin-Rochefort**.

L'église de Flaxieu.

ITINÉRAIRE

Empruntez la « rue de l'École », en face du parking. À « Parnissieu », descendez à droite par la « route des Granges » et, à la fourche, continuez tout droit par le « chemin du Château ». Appréciez les ruines de l'édifice en partie restauré et le point de vue sur le « lac du Lit au Roi », puis revenez sur vos pas afin de descendre par le chemin-raccourci qui débute avant la première villa. À l'embranchement des « Grands Hautins », prenez la rue en face.

Vous arrivez à un carrefour avec la route de « Parissieu » à « Lézieu ». N'utilisez pas cette dernière, mais poursuivez par la voie à droite qui débute devant la RD. Continuez ensuite tout droit. À la fourche avant un ancien moulin, appuyez à droite pour dépasser la cabane du « Rendez-vous des Gens Heureux ».

La voie ombragée côtoie le marais, puis elle monte légèrement avant d'atteindre un croisement où vous conservez votre direction. Prenez enfin à gauche le chemin d'exploitation bitumé qui gravit le vignoble.

En sommet de côte, la vue embrasse tout le « marais de Lavours » dominé par le « Grand Colombier ». Vous bénéficiez également, côté sud, d'une jolie vue sur le village de « Pollieu ». Au croisement vers les premières villas, virez à gauche, puis à l'embranchement suivant, effectuez un aller-retour vers l'église au clocher caractéristique de « Flaxieu ». Montez ensuite dans le vignoble du « coteau de Pommont » par la voie vicinale principale. Un peu plus loin, traversez la route départementale (D37) et descendez en face, par le chemin qui débute contre une plantation d'arbres fruitiers.

Le parcours remonte le cours d'un petit ruisseau, bifurque à droite devant une terre, puis encore à droite à la fourche suivante. Il emprunte la route (départementale 69) à droite pour rallier la première voie goudronnée qui s'élève dans le talweg à gauche, entre vergers et vignes. Le chemin s'oriente vers le nord pour monter tranquillement dans la combe puis il tourne à gauche, traverse les champs et rejoint un itinéraire balisé. Utilisez la piste à gauche, entre les vignes. Vous jouissez alors d'un joli « coup d'œil », notamment sur la « Montagne de Chamoise », sur la « Charvaz » et sur la « Dent du Chat ».... Laissez le village de « Marignieu » et descendez à gauche contre le cimetière.

Empruntez la route départementale (RD 69) à gauche et tout de suite la piste goudronnée à droite. À la fourche, prenez à gauche, dépassez un petit hangar puis conservez le chemin principal qui descend dans une combe tout en se dirigeant vers le sud-est.

Plus bas, la voie se partage en deux: utilisez la branche de droite, plus étroite. Un balisage jaune guide désormais vos pas. Vous suivez la berge ouest du « lac de Barterand », restée naturelle. Dépassez la zone lacustre avant de bifurquer à gauche (villa isolée). Au croisement suivant, prenez en face.

Le lac de Barterand.

Traversez la route départementale (RD37) et gravissez le coteau par le sentier fléché. La grimpée est soutenue, mais vous atteignez assez rapidement le replat du « Bois de la Côte ». Suivez encore l'itinéraire balisé pour descendre sur le versant est.

À « Cressin-Rochefort », poursuivez par la « rue de la Montagne », plus bas, prenez à gauche la « rue du Parc ». Laissez à gauche la direction de « Ceyzérieu » (et le balisage), ignorez à droite le « chemin de Pommier » et au lieudit « sur les Croix », utilisez à droite la rue en sens interdit. Plus bas, la voie longe la route départementale de « Belley » à « Culoz » (D992), puis elle monte à gauche.

Vous aboutissez sur le parking de la mairie.

Le lac du Lit au Roi, la Charvaz et la Dent du Chat.

À VOIR, À VISITER

BELLEY (01300)

Capitale historique du Bugey - Riche passé religieux:
Évêché du Ve siècle, parc public du Palais épiscopal (achevé en 1780), cathédrale Saint Jean-Baptiste (reliques de saint Anthelme).
Vieilles demeures de la Grande Rue – **Lycée Lamartine** où le poète effectua une partie de ses études (1803-1808) – **Maison natale de Brillat-Savarin**.
Dépliant: « A la découverte des bâtiments patrimoniaux de la ville », disponible à l'Office de Tourisme Bugey Sud Grand Colombier - Bureau de Belley
Tél. 04 79 81 29 06 - *Site: https://www.bugeysud-tourisme.fr/*

DISTILLERIE KARIO

44, rue Sainte-Marie - 01300 BELLEY - Tél. 04 79 81 02 55
Site: https://www.bugeysud-tourisme.fr/offres/distillerie-kario-belley-fr-3971199/

MUSÉE DES TRADITIONS VIGNERONNES

326, rue de la Vigne et du Bois - 01350 VONGNES
Musée des outils des métiers de la vigne, du vin et de la tonnellerie.
Diaporama: viticulture et gastronomie au pays de Brillat-Savarin.
Tél. 04 79 87 92 32 - *Site: https://www.caveau-bugiste.fr/accueil/les-musees/*

CUIVRERIE DU BUGEY

La Pallière - 01350 LAVOURS
Repoussage de cuivre à l'ancienne - Dinanderie (chaudronnerie de laiton coulé)
Spécialité: lampe à pétrole - Tél. 04 79 42 13 47

CHÂTEAU DE MONTVÉRAN À CULOZ

Renseignements et réservations à
l'Office de Tourisme Bugey Sud Grand Colombier - Bureau de Culoz
Tél. 04 79 81 29 06 ou 06 80 17 35 39
Sites: *https://www.bugeysud-tourisme.fr/ - https://www.chateau-montveran.com/*

LA FERME DU MARAIS

1263, route d'Aignoz - 01350 CEYZÉRIEU
Ferme pédagogique - boutique à la ferme de produits du terroir
Tél. 04 79 42 24 35
Site: https://www.fermedumarais.fr/

LA MAISON DU MARAIS

Aignoz - 01350 CEYZÉRIEU
Espace muséographique - sentier sur pilotis d'accès libre
Tél. 04 79 87 90 39
Site: https://www.reserve-lavours.com/

Sentier sur pilotis.

AU DÉPART DE CHANAZ (234 m)

3. Mont Landard (587 m) Pierre Noire (410 m)

5 h

14,8 km

438 m

• Deux sections non balisées, mais évidentes, dans les bois du Mont Landard.
• Après Pierre Noire, l'itinéraire descend et utilise un passage rocheux escarpé protégé par un câble.

Le canal de Savières relie le Rhône au lac du Bourget. Le village typique de Chanaz est un port fluvial qui, grâce à l'écluse, propose de nombreuses possibilités de croisières en bateau...
La randonnée regarde le site au travers de deux jolis points de vue. Une forêt mixte et une vaste châtaigneraie sont parcourues, offrant quiétude et fraîcheur. De nombreuses traces attestent la présence du sanglier : couvert forestier, châtaignes et marais de Chautagne constituent un biotope idéal pour ce grand gibier. En automne et hiver, les battues ne sont donc pas rares. Pendant cette période de l'année, l'itinéraire peut être envisagé, mais renseignez-vous sur les jours de chasse avant de partir.

De **Belley**, prendre la direction de **Chambéry** par la **D1504**. Au rond-point de **Yenne**, bifurquer à gauche par la **D921**. Dépasser le village de **Lucey**.
De **Culoz**, prendre la direction de **Ruffieux** (et d'Aix-les-Bains). Franchir le Rhône, puis prendre à droite la **D921**. Traverser le village de **Vions**.
À **Chanaz**, suivre l'itinéraire fléché qui conduit aux parkings.

L'écluse du canal de Savières.

CIRCUIT PÉDESTRE : parking de Chanaz (234 m) - **Chanaz - Le Poisat - Oratoire d'Orgeval - Vétrier** (409 m) - Léchebeuf - **le Mont Landard** (587 m) - le Grapillon - Bange - le Couloir - le Communal (440 m) - **Pierre Noire - Chanaz.**

Chanaz et le canal de Savières.

ITINÉRAIRE

Empruntez le chemin d'accès au village qui débute contre le « camping des Îles ». Utilisez la passerelle en forme d'arche, puis longez le canal à gauche.
Traversez la « place A. Gianetto » et suivez les fléchages des GR 9-65 (traits blancs et rouges, coquille Saint-Jacques). Au moulin (grande roue à aubes encore en fonctionnement), quelques marches d'escalier vous élèvent sur un large sentier. Plus haut, continuez sur le goudron, à gauche, puis à droite. Prenez le chemin en face (contre un atelier de mécanique auto) et tournez tout de suite à gauche. Vous atteignez une route par laquelle vous poursuivez à droite, entre les maisons. À la fourche suivante, utilisez la branche de droite. Vous dépassez le lotissement du « Poisat » avant de rejoindre « l'oratoire d'Orgeval » où vous continuez à vous diriger vers le sud par la piste balisée.
Un long replat accueille le marcheur. Boqueteaux, prairies, cultures céréalières et quelques vignes composent le paysage.
Au croisement de « la Rodière » (grange isolée), montez par le chemin balisé, puis continuez à droite par la route. À « Vétrier » (410 m), prenez à gauche la rue fléchée : « les Creux ». Poursuivez en face, par le chemin qui contourne le hangar et le chenil de la dernière villa.
Dépassez le sommet de côte, puis dans la descente, quittez les balisages VTT pour monter à gauche par le chemin (interdit aux véhicules à moteur) qui

Le Rhône et le Grand Colombier vus du Mont Landard.

s'oriente vers le nord (vous tournez le dos à « la Charvaz »). Ignorez toutes les voies de droite afin de maintenir votre direction. Vous aboutissez sur un chemin transversal balisé que vous utilisez à gauche. Ce dernier s'oriente à nouveau vers le nord. Dans la descente, vous trouvez un sentier fléché à gauche. Il mène à un point de vue. L'espace est aménagé avec un banc pour la contemplation. Le lac du Lit au Roi, le Rhône et son canal, le barrage et le marais de Lavours, Culoz, Rochefort, Landard... les montagnes du Bugey, et surtout le massif du Grand Colombier, retiennent le regard.

Revenez sur vos pas sur environ soixante mètres, puis laissez le fléchage pour monter à gauche par la trace qui sinue tout en s'orientant encore vers le nord. Suivez ensuite la sente de limite (trait rouge sur bande blanche). La trace descend dans un creux. Prenez alors à droite, sous les épicéas. Le parcours serpente dans une jolie forêt mixte (épicéas, pins et feuillus). À la fourche, descendez par le chemin creux à droite. Au croisement du « Grapillon » (451 m), vous retrouvez un itinéraire balisé que vous empruntez à gauche. La piste forestière traverse horizontalement une grande châtaigneraie.

À « Bange » (421 m), utilisez la route à gauche et conservez-la jusqu'à une épingle resserrée à gauche où vous montez par le chemin à droite. Vous suivez en sens inverse un fléchage. Ignorez les voies de droite. Plus loin, un sentier balisé vous mène rapidement sur le belvédère de « Pierre Noire » qui domine le village de Chanaz. Une table d'orientation décrit le site. Une croix signale l'emplacement.

Revenez sur vos pas pour dévaler le coteau par le sentier qui débouche sur des escarpements rocheux. Rangez vos bâtons dans le sac car vous devez avoir les mains libres pour utiliser le solide câble qui protège le passage (prudence !). Vous bénéficiez encore de plusieurs généreux « coups d'œil », notamment sur le bourg de Chanaz et sur le massif du Grand Colombier. Un sentier ombragé (curieuse croix à droite) débouche dans un lotissement. Descendez en face, sur le goudron, puis à droite avant le garage automobile où vous fermez votre boucle.

Regagnez votre véhicule par l'itinéraire utilisé au départ.

L'écluse mérite un petit aller-retour : elle se trouve après le rond-point en bout de parking. Un pont d'où l'on peut observer le fonctionnement du système enjambe le chenal.

**Le belvédère de Pierre Noire domine le village de Chanaz.
Au fond : les montagnes du Bugey.**

À VOIR, À VISITER

MUSÉE GALLO-ROMAIN DE CHANAZ, LES POTIERS DE PORTOUT

Musée gallo-romain de Chanaz
15, rue du Moulin - 73310 CHANAZ
Inauguré le 29 septembre 2001 dans une ancienne chapelle gothique du XVe siècle, dédiée à Notre Dame de la Miséricorde, le musée gallo-romain de Chanaz est consacré aux potiers de Portout.
Tél. 06 79 55 46 80 - *Site: http://www.musee-galloromain-chanaz.fr/*

LE MOULIN À HUILE DE NOIX OU DE NOISETTES DE CHANAZ

Rue du Moulin - 73310 CHANAZ
Tél. 07 86 70 78 69 - *Site: https://www.moulindechanaz.com/*

À DÉCOUVRIR, À PRATIQUER

LES CROISIÈRES EN BATEAU

Bateaucanal
347, route du Canal - 73310 CHANAZ
Tél. 04 79 54 51 80 - *Site: https://www.bateaucanal.com/*

Chanaz croisières
73310 CHANAZ
Tél. 04 79 35 88 85 - *Site: https://www.chanaz-croisieres.fr/*

Bateau Bleu du Canal
Marina des Îlots - 73310 CHANAZ
Location de bateaux et matériels de loisirs écologiques
Tél. 06 48 99 09 01 ou 06 60 57 03 45
Site: http://www.bateaubleucanal.com/

CANOË KAYAK

Descente du Vieux Rhône (Seyssel-Chanaz... lac du Bourget)

PROLYNX SPORTS
Site: https://www.prolynx-sports.com/

Base de Seyssel - Tél. 06 50 58 70 24
Bureau: 5, Grande Rue - 74910 SEYSSEL - Tél. 04 56 82 91 68

Base de Chanaz - Tél. 06 95 00 84 23

AU DÉPART DE VIONS (parking de la salle des fêtes : 234 m)

4. Mollard de Vions (380 m)

2 h

5,9 km

156 m

Parcours partiellement balisé.

Depuis **Culoz**, prendre la direction d'Aix-les-Bains par la **D904**. Traverser **le Rhône** sur le **Pont de la Loi**, puis au rond-point de la Loi (restaurant), bifurquer à droite par la **D921.**
À Vions, franchir la voie ferrée sur le **passage à niveau** et tourner tout de suite à droite. Longer la ligne de chemin de fer jusqu'au grand **parking de la salle des fêtes** où il faut garer son véhicule.

Un petit détour dans la plaine évite la route le long de la voie ferrée tout en se déroulant dans un paisible cadre rural.
Le sentier du Mollard de Vions débute contre un oratoire. Il grimpe rudement en zigzaguant avant de s'assagir à flanc de coteau. Après les bâtiments et l'ancien cimetière de la Commanderie, la promenade s'apaise pour faire le tour de la colline dans une belle forêt. Un chemin magnifiquement construit dans les escarpements du flanc sud-ouest offre de très belles vues sur lac du Bourget, le Rhône, le marais de Lavours, le Grand Colombier et les montagnes du Bugey. L'Étang bleu niché sous les rochers du Mollard de Vions, avec son sentier sur pilotis, conclut agréablement la balade.

Vions : église et four banal.

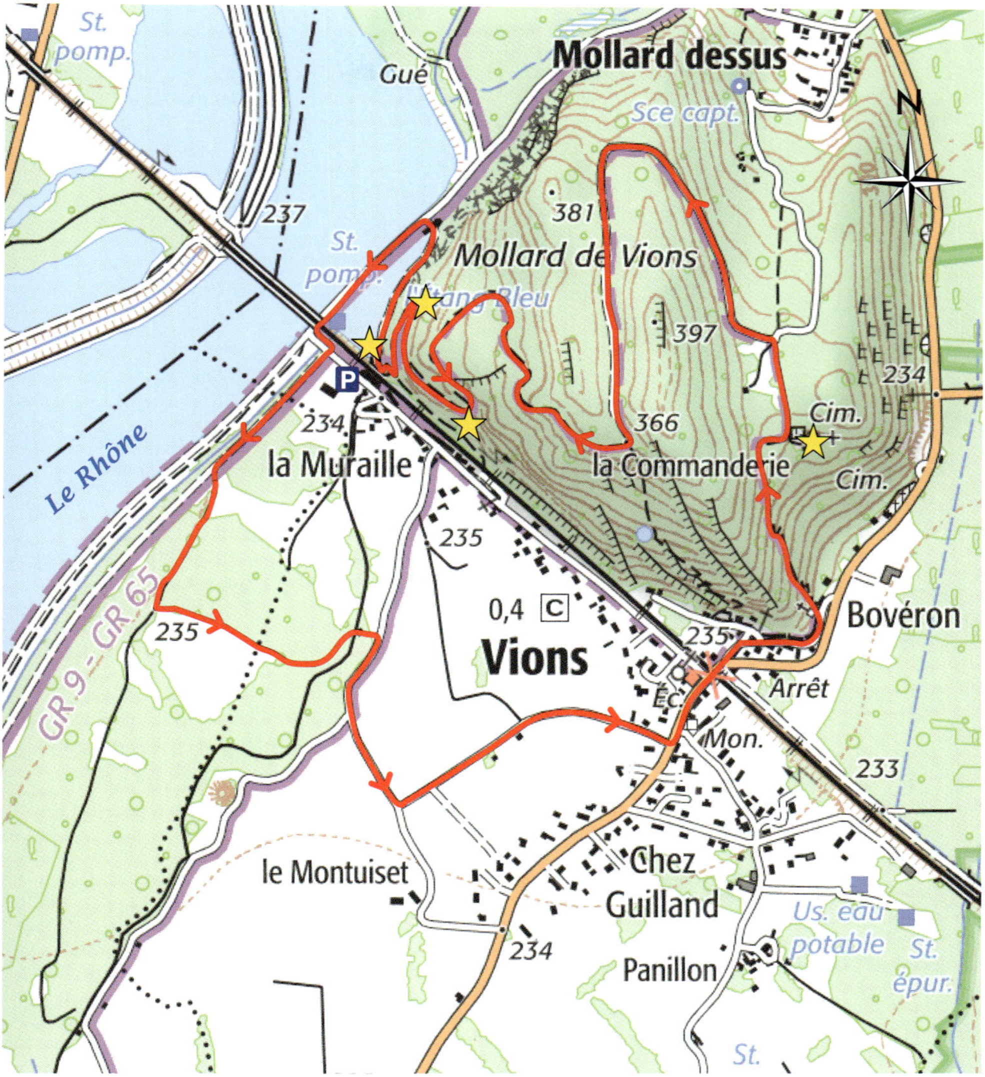

CIRCUIT PÉDESTRE : Vions: la Muraille (parking de la salle des fêtes: 234 m) - **Vions** (village: 235 m) - **Bovéron - la Commanderie** (320 m) - **Mollard de Vions** (380 m) - **l'Étang Bleu - la Muraille** (salle des fêtes de Vions).

La piste d'accès à la Commanderie.

ITINÉRAIRE

Utilisez la première piste (balisée blanc et rouge) qui se dirige vers le sud-ouest en rive gauche d'un bras canalisé du Rhône issu de l'étang bleu. Bifurquez par le premier chemin à gauche qui débute devant un poteau support de balise VTT. Prenez encore à gauche devant une prairie. Continuez jusqu'au terminus de la voie champêtre et poursuivez par le petit sentier qui s'enfonce dans le bois. *Attention : ce passage est parfois masqué par la végétation (buddleia).* Tournez tout de suite à gauche par la bonne trace qui se dirige vers le nord-est dans un tapis d'ail des ours. Empruntez le petit pont qui enjambe un bras mort, puis virez à droite vers la table de pique-nique. Le parcours longe une digue de béton (la digue sarde) avant de continuer par la « rue de Montuiset », en face. À l'embranchement suivant, utilisez le « chemin de Bonetti » à gauche.

Dans le village de Vions, empruntez la route départementale (D921) à gauche, dépassez le monument aux morts et continuez tout droit pour traverser la voie ferrée sur le passage à niveau. Au panneau « Gare de Vions : 231 m », utilisez la « rue de Bovéron », en face. Dépassez le four banal et poursuivez par la voie en sens interdit pour les véhicules. Tournez ensuite à gauche par l'itinéraire fléché qui débute contre l'oratoire de « Notre Dame du Bon Secours ». Le sentier grimpe hardiment dans le coteau en zigzaguant. Il monte ensuite tout droit à flanc de coteau.

Descendez à droite après un replat, puis continuez à gauche par la piste d'accès aux bâtiments de « la Commanderie ».

Notre Dame du Bon Secours.

Remarquez l'ancien cimetière dont il ne reste qu'une croix et deux vieux monuments funéraires.

Bâtis au XIIe siècle, ces bâtiments furent d'abord un prieuré de chanoines de Saint Augustin dépendant de l'abbaye d'Abondance, avant d'être donnés en 1604 à l'Ordre des saints Maurice et Lazare et devenir commanderie. (Wikipedia : une commanderie est un établissement foncier appartenant à un ordre religieux et militaire).

Source : https://avf.asso.fr/aix-les-bains/actualites/la-muraille-de-vions/

Vous terminez sur une petite route que vous utilisez à gauche en suivant le balisage. Le parcours se dirige vers le nord avant de s'infléchir à gauche pour continuer vers le sud dans une large combe. Plus loin, la voie forestière carrossable se prolonge par un petit chemin qui descend tranquillement dans le coteau. Le sentier, magnifiquement construit avec ses murs de soutènement et ses tranchées dans la roche, interpelle le marcheur.

Le chemin du Mollard de Vions.

Dans un tournant dégagé (muret), vous bénéficiez d'un coup d'œil sur une partie du lac du Bourget, vers le sud-est, tandis que le Rhône et les montagnes du Bugey se présentent élégamment à l'ouest.

Plus bas, dans un tournant, un banc est judicieusement installé pour contempler le paysage. Le Rhône et le Grand Colombier s'imposent au regard avec, en arrière-plan, le marais de Lavours et les montagnes du Bugey.

Un canon de la marine fourni à l'armée de terre fut scellé en ce lieu en 1940 pour défendre le pont de la voie ferrée.

Après un joli surplomb de la roche, le chemin est interdit. Il faut donc descendre à droite par la sente aménagée assez abrupte. En bas, rejoignez la table de pique-nique et poursuivez sur le sentier sur pilotis, puis le long de la berge de l'Étang bleu. Des tables d'interprétation expliquent la création du plan d'eau et décrivent la faune et la flore. Rejoignez la guinguette et tournez à gauche pour revenir par la route entre l'étang et le fleuve.

Passez sous le pont ferroviaire et virez à gauche pour rapidement rallier le parking de la salle des fêtes.

Le Rhône, la petite ville de Culoz et le Grand Colombier.

Pont ferroviaire, marais de Lavours et montagnes du Bugey.

Etang bleu et sentier sur pilotis.

AU DÉPART DU PARKING DE LA GRANGE NEUVE (848 m)

5. Mont Clergeon (1 025 m) La Grande Cuve (1 015 m)

3 h 15

9,5 km

305 m

• Promenade familiale sans difficulté.
• Sentier du vallon du Vinan devenant glissant par temps humide.

• Depuis **Rumilly**, prendre la **D231** en direction du **col du Clergeon**. Passer dans le village de Moye, puis bifurquer à gauche, avant la fruitière, en conservant la D231. Dépasser le hameau de **Borcherens** et traverser la **Forêt domaniale du Clergeon**. Franchir le col du Clergeon, puis descendre sur environ 2 kilomètres par la D55. Ignorer enfin la route de Rojux pour tout de suite trouver à droite le **parking de la Grange Neuve (848 m),** en face de la grange.

Forêts et prairies, lac du Bourget et Mont Blanc, vestiges d'un temps passé et anciens villages rénovés, vallon inattendu et curiosité naturelle insolite offrent une grande diversité à cette belle randonnée champêtre.

ITINÉRAIRE

Du parking, descendez par la route, laissez un sentier à droite (ce sera celui du retour), puis empruntez le premier chemin fléché à gauche. Vous marchez alors face au « lac du Bourget » dominé par la « Charvaz » et par « la Dent du Chat ».

Dans le vallon du Vinan.

• Depuis **Ruffieux-en-Chautagne**, prendre la **D55** en direction du **Mont Clergeon,** dépasser le hameau de **Montagnet** et continuer jusqu'au **parking de la Grange Neuve (848 m)** où il faut garer son véhicule.

CIRCUIT PÉDESTRE : Parking de la Grange Neuve (848 m) - les Teppes - les Granges (823 m) - **Ruisseau de Vinan** - Sur les Routes - **Montclergeon** (984 m) - sommet du Mont Clergeon (croix et table d'orientation : 1025 m) - **Montclergeon - la Grande Cuve** (1015 m) - **Rojux - parking de la Grange Neuve.**

Au sommet du Mont Clergeon (1025 m).

Aux « Granges » (823 m), montez à gauche. Vous longez le ruisseau temporaire et encaissé « de Vinan », dépassez un bac alimenté par une source, puis vous contournez le fond d'une petite reculée.

La grimpée est assez soutenue, mais ombragée. Plus haut, poursuivez tout droit, dans le lit du ru. Vous aboutissez sur le plateau où vous prenez à gauche le chemin de lisière. L'itinéraire coupe la route « du col du Clergeon » (oratoire) et traverse le premier village de « Montclergeon ».

Au début du deuxième hameau, montez à droite (en face des maisons) pour rallier la croix et la table d'orientation du « Mont Clergeon » (1025 m).

Depuis ce paisible sommet au milieu de la prairie, vous bénéficiez d'un panorama majestueux sur les massifs des « Bauges », de la « Tournette » et des « Glières », sur la « Chaîne des Aravis » et sur le « Mont Blanc », ainsi que sur la ville d'« Annecy ».

Revenez sur vos pas jusqu'au deuxième hameau de « Montclergeon » (965 m) où vous poursuivez à droite. Plus loin, le chemin devient sentier. Au lieudit « Combe de Vertu » (990 m), continuez tout droit, remarquez le long de l'itinéraire, un ancien four à charbon de bois.

Au panneau « Bois des Combes », poursuivez par le chemin balisé à gauche. À l'altitude 995 m, prenez à droite pour effectuer un aller-retour (environ 200 m) vers la curiosité naturelle de la « Grande Cuve », ancienne grotte dont le plafond s'est effondré. De retour à l'embranchement 995 m, poursuivez à droite. À l'intersection « Mollard Gris » (panneau, 910 m), descendez par le chemin perpendiculaire à droite. À la bifurcation suivante, appuyez à gauche. À « Rojux » (870 m), deux options se présentent :

- À gauche, vous rejoignez directement le parking par la voie d'accès goudronnée (variante tracée en jaune).
- À droite, vous terminez la visite du hameau en passant notamment devant le four banal. Descendez ensuite à gauche vers la dernière maisonnette rénovée (865 m), puis montez à gauche après la traversée d'un ruisseau temporaire. Vous aboutissez sur la route du « Mont Clergeon » que vous reprenez en sens inverse pour regagner le parking.

LE MONT CLERGEON

On estimait à 200 personnes la population au début du siècle dernier au Mont Clergeon. Toutes les familles vivaient de l'agriculture. Elles cultivaient des pommes de terre, du seigle, de l'orge, de l'avoine et du chanvre (dont la semence était réputée pour sa qualité dans toute la Savoie). Les agriculteurs possédaient un petit troupeau de vaches, un cochon pour la viande et un mouton pour la laine.

Le repas, très souvent unique, était principalement à base de lait caillé et de pommes de terre. Le pain était cuit au four à bois.

Vers 1905, une fruitière fut mise en place à Rojux, d'une capacité de 300 à 400 litres de lait par jour. Les paysans vivaient également de contrebande et écoulaient leurs produits sur les marchés de Rumilly et de Culoz.

Les enfants allaient à l'école de Ruffieux pour la journée, sauf pendant l'hiver.

Aux beaux jours, les paysans descendaient dans la vallée pour travailler la vigne, mangeaient dans leur cellier (ou « sarto »), puis remontaient en fin d'après-midi.

Peu à peu, les habitants du Clergeon ont déménagé pour s'installer définitivement dans la plaine, ne revenant à la montagne que pour faucher les foins et mener les troupeaux au pâturage.

Le difficile approvisionnement en eau pour subvenir aux besoins des hommes et des animaux et des conditions climatiques difficiles ont motivé le déplacement progressif des populations vers le bas de la commune.

Source : panneau d'informations sur le site

AU DÉPART DE SERRIÈRES-EN-CHAUTAGNE (248 m)

6. Point de vue du Gros Foug (1 000 m)

4 h 30

12 km

765 m

Le « sentier du 4 » est très escarpé : il est équipé de câbles dans sa section la plus abrupte. Il traverse des pierriers et les gravillons rendent le parcours acrobatique (dérapages inévitables).

De **Culoz**, prendre la **D904** en direction d'**Aix-les-Bains**. Au rond-point de Saumont (**Ruffieux**), continuer à gauche par la **D991**.
De **Seyssel** (rond-point du pont suspendu à haubans), empruntez la **D991** (en rive gauche du Rhône).
À Serrières-en-Chautagne, garer son véhicule sur la **place centrale du village** (ou sur le parking de l'aire de loisirs).

Ce périple visite le site enchanteur de la cascade pétrifiante et d'un ruisseau joliment canalisé, avant de partir à l'assaut de la montagne. Un magnifique point de vue clôt la grimpée. Le retour par le « sentier du 4 » s'adresse à des montagnards confirmés qui apprécieront les caprices de ce chemin.

La cascade pétrifiante.

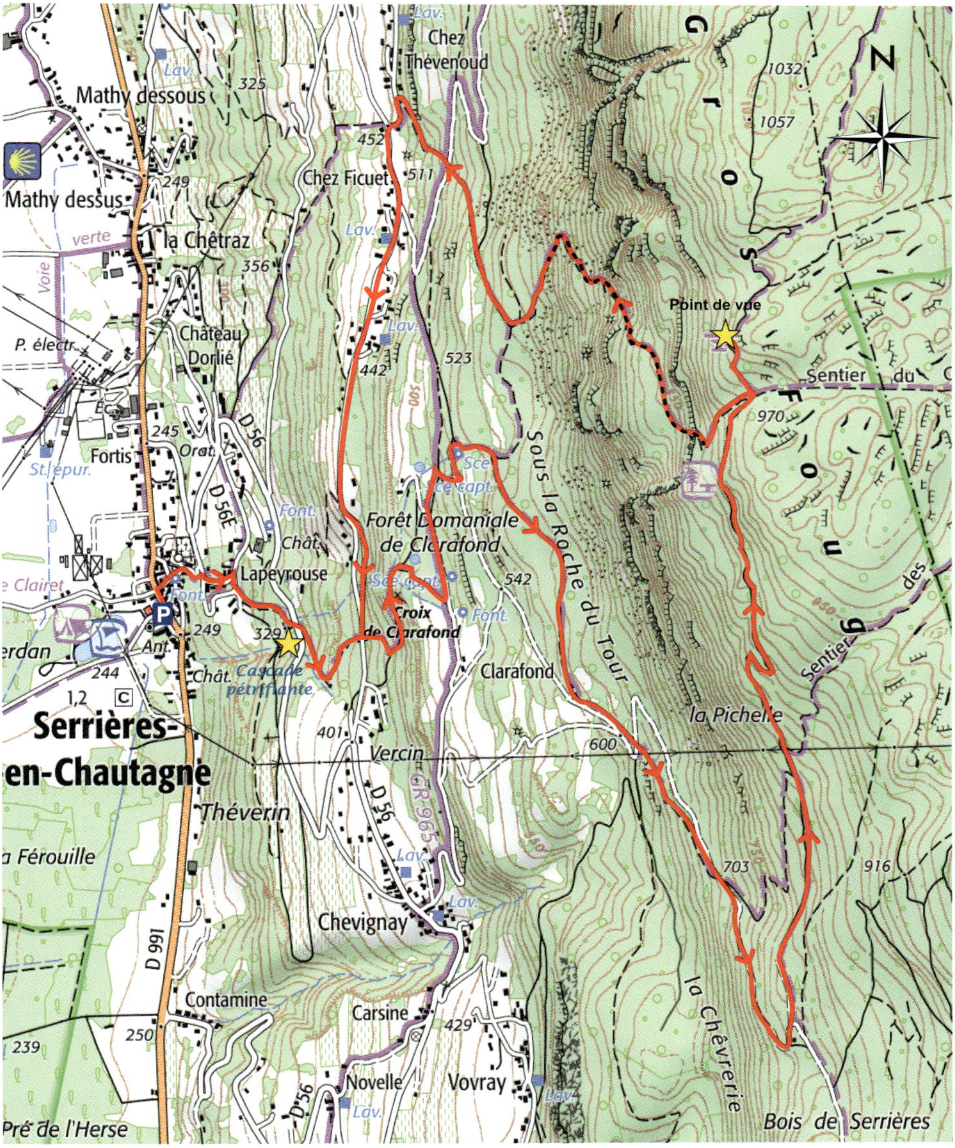

········ Section escarpée et délicate.

CIRCUIT PÉDESTRE : Serrières-en-Chautagne (248 m) - Lapeyrouse - **Cascade pétrifiante** - **Croix de Clarafond** - Sous la Roche du Tour - la Pichelle - Bois de Serrières - **Point de vue du Gros Foug** (1000 m) - « **Sentier du 4** » - Chez Thévenaud - Chez Ficuet - Lapeyrouse - **Serrières-en-Chautagne**.

L'ÉBOULEMENT DU GROS FOUG ET LE SERVICE DE RESTAURATION DES TERRAINS DE MONTAGNE (RTM)

De nombreux captages, drainages et canaux intrigueront le promeneur car ici, toutes les sources sont canalisées. Le service de Restauration des Terrains de Montagne (RTM) a dû aménager le secteur suite à une catastrophe naturelle.

Le 17 janvier 1936, un ensemble de blocs, tuf et terre se détache de la montagne et se déverse brutalement au chef-lieu. Des bâtiments sont détruits, des terrains et du bétail sont ensevelis, mais aucune mort d'homme n'est à déplorer.

À mi-hauteur de la montagne du Gros Foug, une couche d'argile imperméable est prise en sandwich entre les masses de calcaire perméables. À l'étage inférieur, nous trouvons des molasses (calcaire friable) et des dépôts de tuf. Suite à une forte pluviométrie, le tuf gorgé d'eau glissa sur son support, ce qui provoqua l'éboulement.
Sur le lieu, un panneau d'informations explique le phénomène.

Un ruisseau canalisé.

ITINÉRAIRE

Traversez puis empruntez la RD vers la gauche (nord) pour tout de suite trouver un panneau indiquant : « circuit de promenade ». Empruntez alors la rue, face à la montagne. Continuez tout droit vers la fontaine, dépassez l'église puis prenez à droite. Poursuivez en face à « Lapeyrouse » (panneau). Prenez à droite vers la maison « les Terrasses », puis montez à gauche par le sentier fléché « du 4 ». Après l'ancienne carrière de tuf (roche poreuse et légère), poussez jusqu'à la cascade pétrifiante, puis revenez sur vos pas pour gravir le talus. Traversez la route, enjambez une canalisation et continuez à grimper par le sentier. L'itinéraire longe le ruisseau endigué, tourne à gauche avant une prairie, ignore une sente à droite, puis un

Au point de vue du Gros Foug.

Le point de vue du Gros Foug domine le village de Serrières-en-Chautagne. *Photo Pascal Ray*

chemin à gauche. Vous coupez ensuite une route pour monter en face.
Appréciez le panneau d'informations sur les travaux du service de Restauration des Terrains de Montagne, puis quittez la piste (et le canal) pour un sentier à droite. Vous atteignez la « croix de Clarafond » (point de vue sur Serrières) où vous bifurquez à gauche.
Vous aboutissez sur la piste de la « Forêt Domaniale de Clarafond ». Continuez à gauche (nord), puis prenez le deuxième chemin à droite (captage à gauche et zone grillagée à droite).
Revenez à droite au-dessus d'un autre captage, continuez à gauche lorsque vous arrivez sur une piste au-dessous d'une clairière puis virez à droite. À l'embranchement suivant (pré à gauche, châtaigniers), prenez à droite (sud). Vous atteignez un chemin en lisière. Appuyez à gauche, laissez une piste à droite, passez sous la ligne EDF et conservez la voie principale qui dessine une épingle à gauche pour passer devant le chalet des chasseurs. Ignorez l'itinéraire à droite après la maisonnette, puis continuez tout droit par la piste pour monter jusqu'au croisement avec les sentiers du « Gros Foug » et du « 4 » (968 m). Un petit aller-retour (en face) vous élève au point de vue du Gros Foug (à 5 minutes). Le Grand Colombier, le marais de Lavours, le Rhône, le mont Landard, la Charvaz et le lac du Bourget s'offrent au regard. Revenez sur vos pas

Photo Pascal Ray

Le « sentier du 4 ».

et descendez par la trace en face du « sentier du Gros Foug ».
La sente tourne à droite après une aire de pique-nique puis dégringole dans les escarpements.
Ici, si vous doutez de vos capacités, revenez sur le « chemin de la montagne » que vous reprenez pour le retour. Sinon descendez avec précaution en utilisant les câbles posés en main courante. Vous suivez ensuite une minuscule trace, mais le balisage et des petits poteaux vous guident efficacement. Les dérapages sur les gravillons du sentier pentu semblent inévitables...! Après avoir côtoyé un pierrier, vous atteignez un chemin à 570 m d'altitude (panneau indicateur). Tournez à droite et conservez les sentiers balisés qui descendent vers les maisons de « chez Thévenoud ». Prenez la petite route à gauche, puis tournez encore à gauche à « Venaise-Dessus » (chalet).
Dépassez « Marète » (panneau), puis après un abribus, vous retrouvez l'itinéraire de montée que vous prenez en sens inverse.

7. Chanduraz (1 218 m) Le Grand Colombier (1 534 m)

6 h

18,2 km

660 m

. Prudence à Chanduraz : falaises.
. Section hors sentier pour rejoindre le radar de l'aviation civile.

De **Culoz**, prendre la **D120** en direction du **Grand Colombier**. Au lieudit « la Sapette », prendre à gauche. Laisser son véhicule au bord du rond-point et de l'aire de pique-nique du **point de vue du Fenestré**.

Le Grand Colombier, phare du Bugey, offre de splendides panoramas sur le Bugey et sur les Alpes. Le lac du Bourget et le Mont Blanc sont les maîtres d'un paysage ravissant où le Rhône se fraie élégamment un passage.

ITINÉRAIRE

Depuis l'aire de pique-nique (rond-point), revenez par la route et empruntez le premier chemin à gauche. Fiez-vous ensuite au balisage blanc et rouge du GR 9. Vous progressez le long de plusieurs pré-clairières d'où émergent des petites granges rénovées.
Après quelques intersections fléchées, une montée dans la forêt vous mène sur l'alpage. Appuyez à gauche lorsque vous arrivez en vue d'un chalet dominé par la balise de l'aviation civile. Traversez la prairie afin de rallier un chemin que vous utilisez à droite. Franchissez la barrière métallique et poursuivez jusqu'au pacage d'« en Pryse ».

Le Signal de Chanduraz.

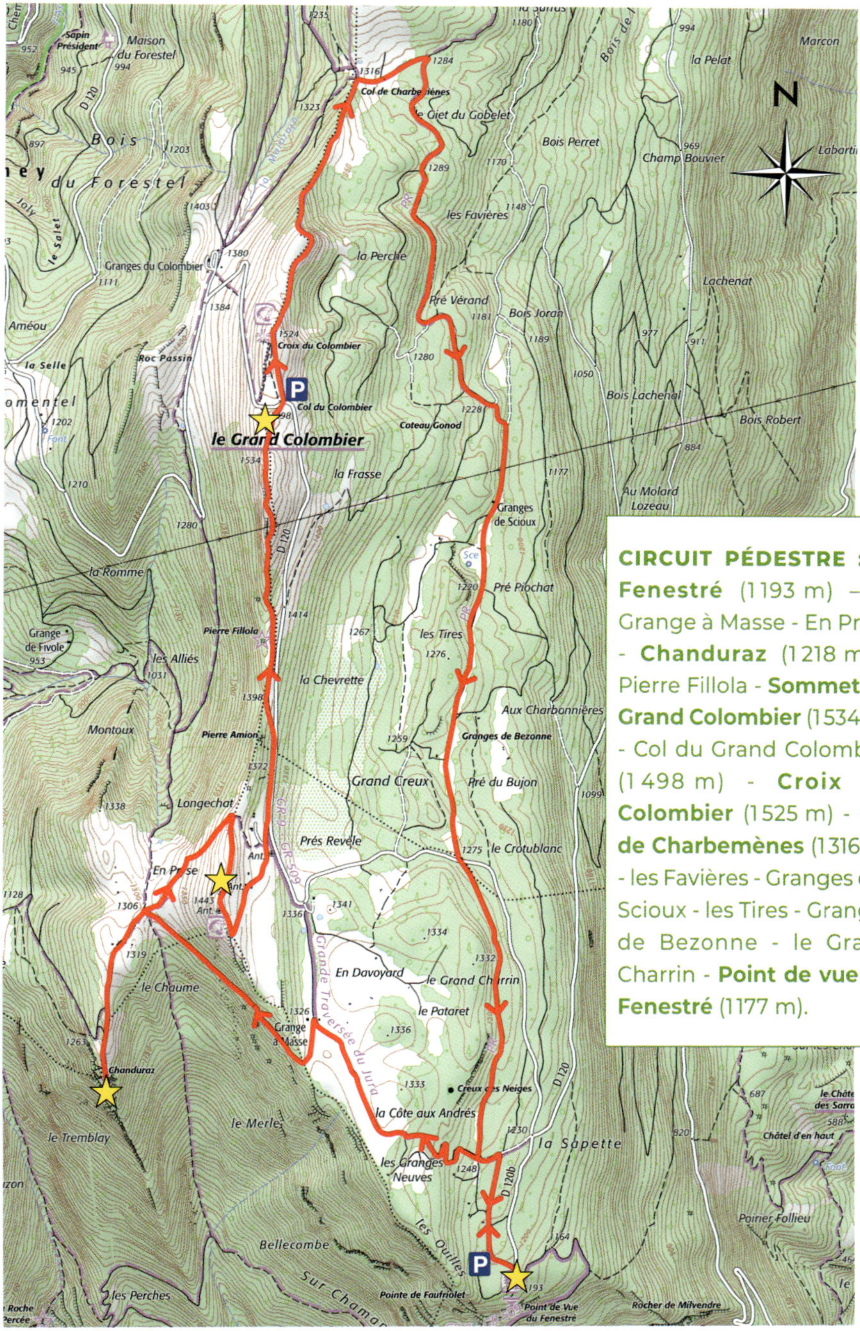

CIRCUIT PÉDESTRE : le Fenestré (1193 m) – la Grange à Masse - En Pryse - **Chanduraz** (1 218 m) - Pierre Fillola - **Sommet du Grand Colombier** (1534 m) - Col du Grand Colombier (1 498 m) - **Croix du Colombier** (1 525 m) - **Col de Charbemènes** (1 316 m) - les Favières - Granges des Scioux - les Tires - Granges de Bezonne - le Grand Charrin - **Point de vue du Fenestré** (1177 m).

Au lieudit « En Pryse », face au sommet du Grand Colombier.

Dépassez un talweg, avant de prendre à gauche (ruines) pour un aller-retour d'environ trente minutes vers la roche de Chanduraz qui offre un joli panorama.

De retour, dirigez-vous vers le nord-est par la sente qui gravit le mamelon herbeux. Poursuivez à droite, en hors-sentier, afin de rejoindre la curieuse balise métallique de l'aviation civile implantée au sommet.

Une plateforme, au sud de l'installation, offre un joli coup d'œil, notamment sur le lac du Bourget.

Descendez par la voie goudronnée, laissez l'auberge du Grand Colombier (une pancarte indique les spécialités : fondue, brasérade, raclette, tarte aux myrtilles) puis montez par la route du col que vous laissez pour le premier sentier fléché à gauche. Vous progressez à nouveau sur le GR9, assez escarpé à l'approche du sommet (pylône, borne géodésique). L'itinéraire se dirige encore vers le nord pour franchir le col et dépasser la croix, puis la table d'orientation.

Il conserve sa direction en longeant la bordure est du pâturage, puis il descend assez rapidement dans la forêt pour atteindre le col de Charbemènes.

Quittez le marquage blanc et rouge du sentier de grande randonnée, franchissez la clôture par un portillon (barrière canadienne) et descendez vers l'est dans la prairie par une vague trace qui devient chemin le long des vieux murgets de pierres sèches. Vous dépassez une ruine avant de sortir du pâquis par une autre porte métallique. Prenez la voie forestière à droite.

La roche de Chanduraz vue depuis Béon.

Le sommet du Grand Colombier (1534 m).

Plus loin, poursuivez par la petite route (vous suivez un balisage jaune), ignorez un chemin fléché à droite, puis dans une épingle à gauche, empruntez le raccourci qui vous descend sur une piste. Continuez à droite (vers le sud). Conservez votre direction par le chemin principal. Après avoir dépassé quelques granges, vous atteignez la route du col que vous utilisez à gauche pour tout de suite emprunter le sentier à droite. Un joli parcours ombragé sous les sapins vous mène à une bifurcation où vous fermez votre boucle en retrouvant le GR9. Suivez le balisage et la signalétique pour revenir par les mêmes chemins. Avant de partir, effectuez un rapide aller-retour au belvédère du Fenestré où une table d'orientation de conception moderne décrit le paysage.

Le belvédère du Fenestré surplombe la petite ville de Culoz. Il regarde le Rhône, la Chautagne et le lac du Bourget.

AU DÉPART DE L'AUBERGE DE SUR LYAND (1 224 m)

8. La Griffe du Diable (1 419 m) Sur l'Hergues (1 426 m) Le circuit des Crêtes

De **Culoz**, prendre la D992 en direction de Seyssel.
À l'embranchement à quelques kilomètres après le village d'**Anglefort**, bifurquer à gauche par la **D991A** en direction de Valserhône. Conserver cette route jusqu'à **Corbonod (Gignez)** où il faut monter à gauche par la route du col de la Biche **(D123)**.
De Valserhône, prendre la D25 jusqu'à **Billat**, puis la **D991** en direction de Seyssel et de Culoz.
Conserver cette route jusqu'à **Corbonod (Gignez)** où il faut monter à droite par la route du col de la Biche **(D123)**.
Laisser son véhicule sur l'un des **parkings de l'auberge de Sur Lyand** (route déneigée en hiver, centre nordique).

5 h

16,2 km

490 m

Belle randonnée bucolique et panoramique.

Alpages bucoliques et crêtes panoramiques sont les atouts de ce paysage à la fois reposant et grandiose dont on ne se lasse jamais.

La crête de Sur Lyand.

8 LA GRIFFE DU DIABLE (1 419 m) - SUR L'HERGUES (1 426 m) LE CIRCUIT DES CRÊTES

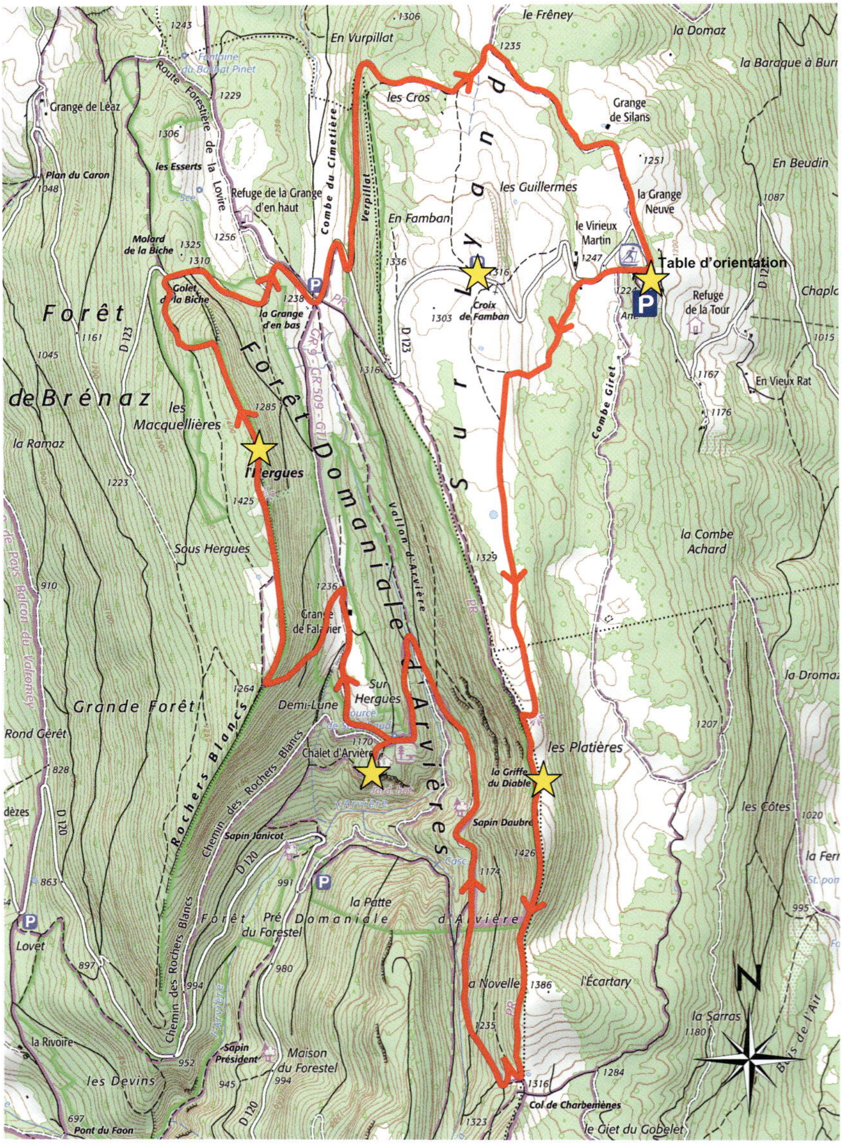

CIRCUIT PÉDESTRE : Auberge de Sur Lyand (1224 m) - Sur Lyand - **La Griffe du Diable** (1419 m) - **Col de Charbemène** (1316 m) - la Novelle - Sapin Daubrée - Source Saint-Arthaud - **Chartreuse d'Arvière** (ruines) - Grange de Falavier - Forêt domaniale d'Arvière - **Sur l'Hergues** (1426 m) - **Golet de la Biche** (1310 m) - Combe du Cimetière - En Vurpillat - Grange de Silans - la Grange Neuve - **Auberge de Sur Lyand**.

ITINÉRAIRE

Empruntez le sentier goudronné qui contourne l'auberge puis le chemin qui se dirige vers l'ouest. Continuez tout droit pour rallier la route que vous utilisez un court instant en face (ou à gauche). Bifurquez par la voie d'accès à une maisonnette à gauche et poursuivez par le chemin herbeux qui traverse le bois avant d'aboutir dans l'alpage de « Sur Lyand ».

L'itinéraire gravit le coteau et arrive à un croisement sur le replat. Ignorez le fléchage pour utiliser la trace des véhicules agricoles à gauche. Vous marchez vers le sud, face à la « Griffe du Diable », et la vue sur les Alpes du Nord est déjà très intéressante.

Plus loin, appuyez à droite par la sente des vaches pour rejoindre facilement la crête par laquelle vous continuez, à gauche (vers le sud). Le sommet de la Griffe du Diable (1 419 m) offre un panorama exceptionnel, sur 360 degrés : le Bugey, le Retord, le Jura, les Alpes du Nord avec la Tournette et le Mont Blanc qui se détachent, les grands lacs alpins (de Genève, d'Annecy, du Bourget), le Val de Fier... participent au tour d'horizon.

La crête s'élève à 1 427 m avant de s'incliner pour descendre jusqu'au « Col de Charbemène » (1 317 m) où vous virez franchement à droite. Conservez le GR9, sentier de Grande Randonnée balisé de traits blancs et rouges. Le chemin descend rapidement avant de s'assagir en devenant belle piste forestière. Vous dépassez un arbre remarquable, il s'agit d'un sapin Daubrée (ou sapin pectiné).

Le col de Charbemène (1 316 m).

Le chalet d'Arvière.

Ce sapin fut classé en 1911. Sa hauteur est de 47 m, il a une circonférence de 4 m, un diamètre de 1,25 m. Il est âgé de 250 ans.

À l'embranchement suivant, poursuivez tout droit, franchissez la barrière, puis conservez la piste principale qui vire à gauche. Un aller-retour (50 m) vous mène à la « source Saint-Arthaud » qui alimente un bassin dans une grotte. Un peu plus loin, un autre aller-retour conduit au chalet d'Arvière, et aux ruines de la « Chartreuse d'Arvière ».

Revenez sur la voie forestière supérieure par laquelle vous continuez à monter. Dépassez la « Grange de Falavier » et virez par le premier chemin à gauche. Ce dernier se redresse assez sévèrement pour gravir le coteau boisé, puis il continue tranquillement dans l'alpage. Après avoir suivi une lisière, appuyez à droite pour rallier facilement la crête de « l'Hergues » par une sente des vaches.

Poursuivez vers le nord au bord de l'arête. Vous atteignez le sommet (1426 m) d'où vous pouvez dessiner sur le paysage une grande partie de votre itinéraire.

Le sentier continue vers le nord avant de dévaler assez rapidement sur le flanc nord-ouest de la montagne. Il aboutit sur la route que vous utilisez à droite. Dépassez le « Golet de la Biche » (1325 m) et rejoignez l'alpage où vous empruntez le chemin à gauche (nord), dans la « Combe du Cimetière ».

Un peu plus loin, repérez à droite un chemin qui gravit diagonalement le coteau boisé. Rejoignez au mieux ce dernier en traversant l'alpage par une trace des bovins. En sommet de côte (1285 m), descendez en face. Après un parcours sinueux dans le pâturage, vous aboutissez sur une large piste carrossable que vous utilisez à droite. Finissez par la route du « Col de la Biche », à gauche.

Sur le sentier de « l'Hergues ». Au fond : le Grand Colombier.

À VOIR, À VISITER

MUSÉE DU BUGEY VALROMEY
3, rue Centrale, Lochieu - 01260 ARVIÈRE-EN-VALROMEY
Vie domestique et artisanale du Bugey du XVIIIe siècle à nos jours
Tél. 04 79 87 52 23 - *Mail : musee.bugey@ain.fr*
Web : https://patrimoines.ain.fr/n/musee-du-bugey-valromey/n:970

OBSERVATOIRE DE LA LÈBE
CLUB ASTRONOMIE NATURE DU VALROMEY
669, chemin des étoiles - Le Puy des Barres
01260 VALROMEY-SUR-SÉRAN
(sur la route du Col de la Lèbe à 1 km du sommet)

De jour, observation du soleil, sentier de découverte sensorielle de la nature.
De nuit, uniquement sur réservation, **observation des étoiles et des planètes**.
Tél. 07 79 87 67 31
Web : https://www.observatoiredelalebe.fr/

L'AUBERGE DE SUR LYAND
LE REFUGE DE LA TOUR

L'auberge de Sur Lyand est ouverte toute l'année.
Le soir, sur réservation.

Site panoramique (table d'orientation).

Le refuge de la Tour
Refuge rustique de montagne dans une ancienne ferme.
Couchage : 3 x 5 lits - Coin cuisine
Pas d'eau courante, pas de douche
Électricité - WC extérieur (toilette sèche).
Renseignements et réservations :
Auberge de Sur Lyand
6 D123 - 01420 CORBONOD
Tél. 09 74 76 60 50

LE REFUGE DE LA GRANGE D'EN HAUT

Col de la Biche - 01260 BRÉNAZ
Refuge non gardé.
Contact : Mairie - 80, rue de la Pièce - Virieu-le-Petit - 01260 ARVIÈRE-EN-VALROMEY
Tél. 04 79 87 62 61 - *Mail : contact@arviere-en-valromey.fr*
Web : https://arviere-en-valromey.fr/refuge-grange-den-haut/

LE CHALET D'ARVIÈRE

Route du Grand Colombier - Lochieu - 01260 ARVIÈRE-EN-VALROMEY
Tél. 06 65 35 79 12 - *Site : www.chaletdarviere.com*
Hébergement pour 14 personnes en chambres triples ou doubles.
Au chalet d'Arvière à 1200 m, **cuisine du terroir** aux plantes aromatiques du jardin botanique et aux plantes sauvages.
Cadre au calme avec vue sur le Valromey.

AU DÉPART DE MOTZ (église : 436 m)

9. Sentier et points de vue du Barvy

Cette courte escapade montagnarde offre de jolis points de vue sur le Rhône et la Chautagne, le massif du Grand Colombier, Seyssel et le confluent Fier-Rhône, le barrage de Motz, la Dent du Chat et le lac du Bourget. Des sentiers escarpés procurent une note sportive à ce périple. Un fléchage jaune sur support vert indique l'itinéraire qui est un circuit balisé de la commune de Motz.

1 h 30

3,25 km

260 m

• Passages escarpés.
• Sentier taillé à la pioche traversant une grande pente.
• Attention aux risques de glissades à la descente.

De **Culoz**, prendre la **D904** en direction d'Aix-les-Bains, traverser le Rhône sur le **Pont de la Loi** et continuer jusqu'à **Ruffieux (Saumont)** où il faut bifurquer à gauche au rond-point. Poursuivre par la **D991**, traverser tout le village de **Serrières-en-Chautagne** avant de prendre à droite la **D56**.
Continuer jusqu'à **Motz** et laisser son véhicule sur le **parking de l'église**.

Vue sur le barrage de Motz, le village d'Anglefort et le Grand Colombier.

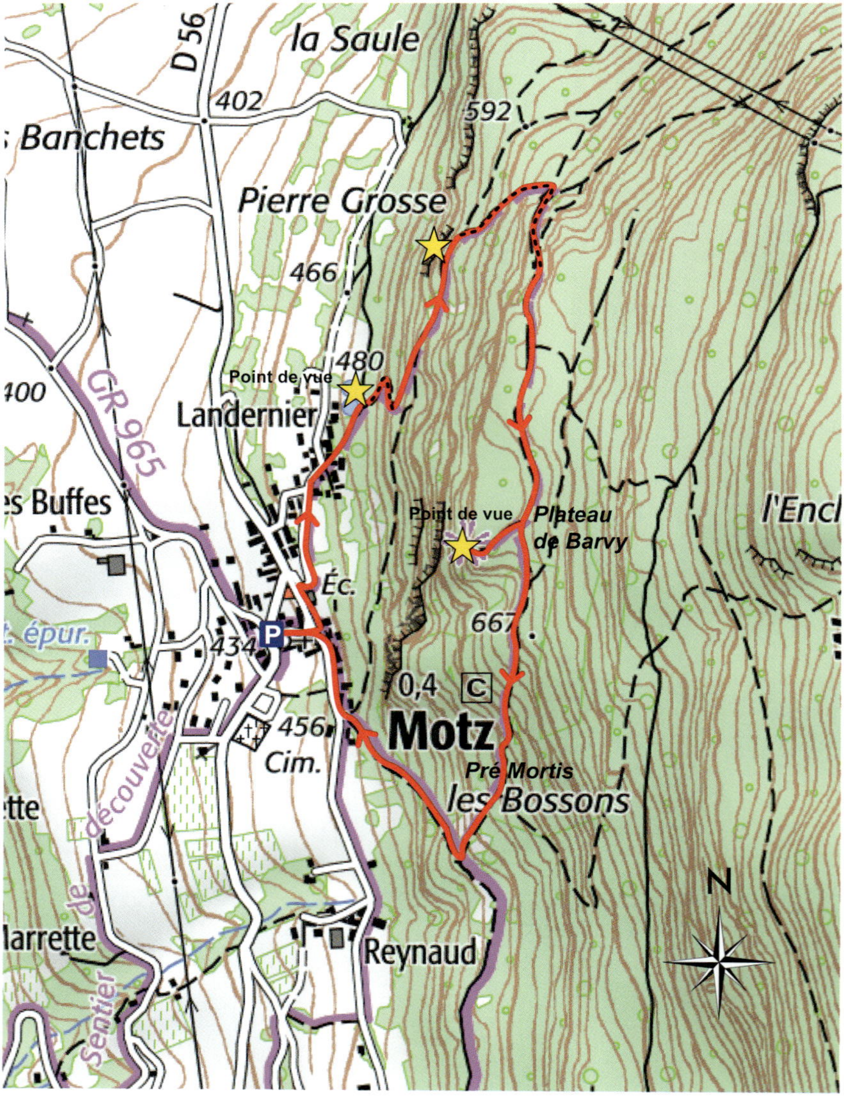

CIRCUIT PÉDESTRE : Motz (église : 436 m) - **Landernier** (450 m) - Pierre Grosse - Plateau de Barvy (694 m) - **Point de vue de Barvy** (660 m) - Pré Mortis - les Bossons (533 m) - **Motz**.

Vue sur le confluent Fier-Rhône.

ITINÉRAIRE

Rejoignez et contournez l'auberge pour rallier la mairie. Poursuivez à droite en direction de « Landernier », puis utilisez en face la voie sans issue. À la fin du goudron, prenez à gauche, devant le très typique four banal du hameau. Un peu plus haut (réservoirs, vue sur « Seyssel »), montez par le sentier fléché à droite.

Gravissez deux ressauts rocheux assez escarpés, puis continuez en face lorsque vous parvenez sur un chemin. Sur votre gauche, un banc propose une pause contemplative. La petite ville de « Seyssel », le confluent Fier-Rhône, le barrage de « Motz » et le massif du Grand Colombier se présentent généreusement au regard. Un peu plus loin, le circuit utilise un sentier balisé à droite. Celui-ci grimpe sévèrement pour rallier une voie forestière que vous empruntez à droite. Dans l'épingle à gauche de la piste, poursuivez en face par le parcours fléché. C'est une sente étroite taillée à la pioche qui traverse une grande pente avant d'aboutir sur un chemin. Prenez ce dernier à droite et, en sommet de côte, poursuivez en face. Plus bas, vers des panneaux directionnels, descendez à droite, puis continuez tout droit.

AUBERGE DE MOTZ :
HÔTEL - RESTAURANT

Site : https://www.hotel-chautagne.com/restaurant-chautagne-seyssel/

Tél. 04 79 88 42 86

La Chautagne, le lac du Bourget, le Rhône et son canal de dérivation.

Vous terminez sur un large point de vue : à droite le barrage de « Motz », le confluent Fier-Rhône, la ville de « Seyssel » se laissent admirer. À gauche, le Rhône et son canal de dérivation, la Chautagne, le massif de Grand Colombier, la Dent du Chat et le lac du Bourget s'offrent gracieusement au regard. Une table de pique-nique accueille le marcheur.

Revenez par le même itinéraire jusqu'aux panneaux directionnels où vous prenez à droite. Vous continuez dans une jolie pinède où le sentier assez escarpé descend rudement (méfiez-vous des glissades !).

Dans les prés des ânes (prés Mortis), bifurquez franchement à droite. La descente reste rapide jusqu'à la route où vous poursuivez à droite pour rapidement retrouver l'église de « Motz ».

Sentier du retour.

AU DÉPART DE CORBONOD (église : 350 m)

10. Grange aux Moines (310 m) Cascade d'Eilloux (300 m)

Cette courte promenade familiale rejoint un point de vue sur le Rhône et sur la petite ville de Seyssel. Il traverse ensuite une partie du vignoble de Corbonod (produisant du vin d'appellation Seyssel) puis il descend pour enjamber le ruisseau de Peysieux sur un pont. Il rallie enfin le hameau d'Eilloux et sa jolie cascade.

1 h 30

4,5 km

90 m

• Parcours partiellement fléché.
• Surveiller les enfants sur le pont au lieudit « Sous la Roche » et aux abords de la cascade.

De **Valserhône (Bellegarde-sur-Valserine)**, prendre la **D101** jusqu'à **Ochiaz** et continuer à gauche par la **D991**. À **Gignez**, bifurquer à gauche pour rejoindre le village de Corbonod. De **Culoz**, prendre la **D992** en direction de Seyssel, traverser le village d'**Anglefort**, et après le hameau de **Mieugy**, poursuivre à gauche par la **D991A**. À **Gignez**, tournez à droite pour rejoindre le village de **Corbonod**. Laisser son véhicule sur la **place de l'Église**.

ITINÉRAIRE

Dirigez-vous vers le sud par la rue principale, dépassez le château puis continuez tout droit jusqu'au tournant à droite. Poursuivez alors à gauche, puis tout de suite à droite par le « Chemin des Pierres ». Vous progressez face à la « Montagne des Princes ». Plus bas, ne descendez pas dans la combe, mais montez par le

À la Grange aux Moines : vue sur le Rhône et sur la petite ville de Seyssel.

« Chemin des Moines ». En sommet de côte, prenez à droite la « voie sans issue ». Au bout du goudron, contournez la « Grange aux Moines »* pour bénéficier d'un très beau panorama. Du nord au sud, vous regardez le Grand Crêt d'Eau, le Vuache, la Montagne des Princes, la montagne du « Gros Foug », la Dent du Chat et le massif du Grand Colombier. En bas, vous découvrez la centrale

**La Grange aux Moines est une ancienne ferme du XVIIe siècle des sœurs Bernardines de Seyssel. (Source : https://www.hautrhone-tourisme.fr/).*

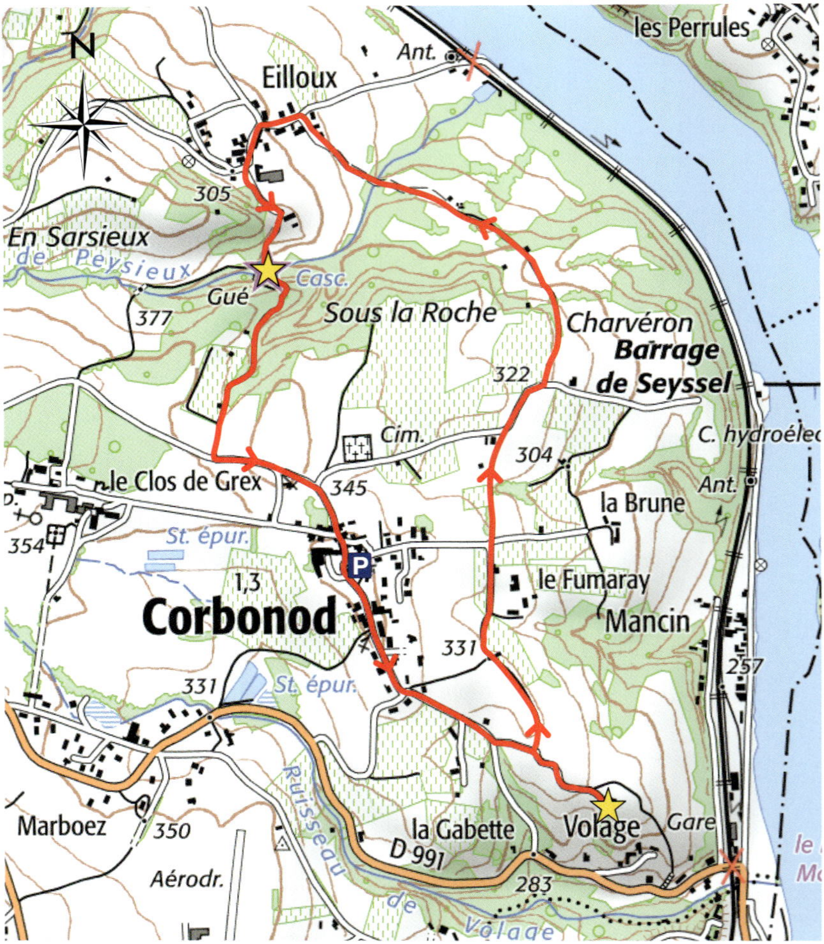

CIRCUIT PÉDESTRE : Corbonod (place de l'Église : 350 m) - **Grange aux Moines** (310 m) - Le Fumary (340 m) - la Brune (330 m) - Charveyron - Sous la Roche (290 m) - **Ruisseau de Peysieux** (280 m) - **Eilloux** (300 m) - **Cascade d'Eilloux - Corbonod**.

Le point de vue de la Grange aux Moines (au fond : le Grand Crêt d'Eau).

hydroélectrique et la petite ville de Seyssel, avec ses deux ponts suspendus. Appréciez le paysage avant de revenir sur vos pas jusqu'au premier embranchement où vous utilisez la piste, à droite. « Au Fumary » (grangeon : 340 m), descendez en appuyant à droite. Au lieudit « la Brune » (330 m), empruntez la piste en face. Devant une grande villa, obliquez à droite sur le goudron, puis tournez par la piste à gauche après une vigne. La voie dépasse deux maisonnettes restaurées et deux curieux monolithes avant de descendre.

Un vieux pont de pierres enjambe le « ruisseau de Peysieux », puis le chemin monte facilement sur le versant opposé pour rallier le hameau d'« Eilloux ». Vous bénéficiez parfois de jolies vues sur le Rhône.

Dans le bourg, prenez la route transversale (« rue du Rhône ») à gauche. À l'intersection suivante (petit hangar et ancien captage), prenez à gauche en ignorant le « Chemin de Veronnes ». À la fourche suivante, poursuivez (à gauche) par le « Chemin de la Cascade ». Après la dernière maison, grimpez par la voie champêtre. Vous aboutissez au-dessus de la cascade. Une balustrade protège le sentier qui pénètre dans le parc à bestiaux après avoir franchi un portillon métallique (à refermer après votre passage !).

Appréciez le spectacle offert par la chute d'eau, puis revenez sur vos pas avant de continuer pour traverser le torrent à proximité des ruines d'un ancien lavoir. Un pont formé de deux dalles de pierre enjambe le « ruisseau de Peysieux », puis l'itinéraire gravit le coteau. Ignorez une sente à gauche dans une épingle. En sommet de côte, laissez le sentier qui monte dans la pinède (il rejoint le parcours un peu plus loin).

Vous aboutissez sur la route de « Gignez », à « Corbonod », que vous empruntez à gauche pour rallier rapidement le village et son église.

Période estivale.

Période hivernale.

La Cascade d'Eilloux

Le chemin de la cascade.

AU DÉPART DE BASSY (parking des randonnées : 340 m)

11. Entre le Rhône et les Usses Veytrens (368 m) Chez les Métral (390 m)

Cette promenade champêtre est entourée de montagnes qui se présentent gracieusement au regard.
La chaîne Grand Colombier-Retord, la Dent du Chat, la Chartreuse, les Bauges, le Gros Foug, la Montagne des Princes, le Salève, le Vuache, le Grand Crêt d'Eau... composent tour à tour le panorama. Le sentier du retour surplombe le Rhône en offrant de temps à autre de très beaux coups d'œil sur le fleuve. Le long du parcours, quelques lavoirs rappellent le temps de jadis.

2 h 15

7,4 km

185 m

Randonnée familiale balisée sans difficulté.

Depuis **Seyssel**, prendre la **D992** en direction de Frangy, dépasser le **barrage de Seyssel**, puis traverser **les Usses** (à gauche) sur le **Pont de Bassy**. Continuer par la **D14** avant de bifurquer à gauche par la **D14d**.
À Bassy, tourner à droite, laisser un premier parking à gauche, puis virer à gauche pour utiliser le **parking des randonnées**.

ITINÉRAIRE

Descendez par la rue principale à droite, dépassez le château, et à la fourche (monument aux morts, lavoir), appuyez à droite par la « route de l'Église ». Laissez le parking et l'aire de pique-nique pour entrer dans le cimetière qui entoure l'église. Une table d'interprétation explique que le site fut le théâtre d'actions militaires lors de la bataille des Alpes

Depuis le cimetière de Bassy : vue sur le barrage de Seyssel.

de juin 1940. L'emplacement surplombe magnifiquement le fleuve. Derrière l'édifice religieux, en regardant vers le sud, la vue sur le barrage de Seyssel s'impose. Revenez sur vos pas, dépassez la rue du parking des randonnées, puis un autre emplacement de stationnement et continuez jusqu'à un embranchement où vous prenez la « route de Crie » à gauche. Tournez

CIRCUIT PÉDESTRE : Bassy (parking des randonnées : 340 m) - Château - **Église et cimetière** (point de vue : 330 m) - Château - la Frérie - Champ de la Combe - Choux - **Ruisseau de la Grande Craze** (300 m) - la Rochette - la Fin - **Veytrens** (368 m) - **Chez Métral** (390 m) - les Lades - le Crêt - Bornichat - Lévaud - la Crotte - **Bassy**.

Vue sur le village d'Usinens et sur le Grand Crêt d'Eau.

Au lieudit « Bornichat ».

ensuite immédiatement à droite par le « Chemin de l'Étang ». Un peu plus loin, au niveau du panneau de fin de l'agglomération de « Bassy », utilisez le chemin herbeux à droite. Traversez la route de « Challonges » (prudence!) et descendez en face par le sentier entre les haies.

Vous terminez sur une voie vicinale que vous utilisez à gauche. La route tourne à droite en traversant le ruisseau de la « Grande Croze » sur un pont. Montez ensuite par le chemin fléché à gauche. Sur les hauteurs, depuis les terres cultivées, la vue est admirable sur les monts environnants: de la « Dent du Chat » au sud au « Grand Crêt d'Eau » au nord, de nombreuses montagnes se succèdent plaisamment à l'ouest et à l'est.

Vous aboutissez sur une petite route que vous empruntez à gauche (poteau: « Vernay » 345 m). Dans le hameau de « Veytrens », prenez en face la « route de Veytrens-d'en-Bas ». Plus loin, montez à droite par la « route du Pèse-Lait ». À l'intersection suivante, empruntez la « route de chez Métral » à gauche. Après un lavoir, utilisez à droite la « route des Folies ». Traversez la voie départementale (D14) sur le passage piéton et montez en face par le « chemin de Bornichat » (en vous retournant: vue sur les Alpes). Au « Crêt » (390 m), continuez tout droit. Un peu plus loin, l'itinéraire tourne à droite. Plus bas, il vire encore à droite (vue sur le Rhône). Le sentier décrit un « S » avant de se diriger vers le sud au-dessus de la rive gauche du fleuve. Après une maison abandonnée et isolée, le chemin forestier monte dans le coteau, dépasse un petit lavoir et une ruine puis il aboutit sur le plateau. Une voie goudronnée vous ramène enfin au point de départ.

Le chemin au lieudit « Lévaud ».

Vue sur le coteau Grand Colombier-Retord, le hameau d'Eilloux et le Rhône.

AU DÉPART DE CHAVANNE-D'EN-BAS (471 m)

12a. Montagne des Princes (931 m) Droisy (677 m)

Forêt, clairières et cabanes, prairies et chalets, alpage et ferme : cette montagne est vivante. Elle offre de splendides panoramas sur les Alpes du Nord et sur le Mont Blanc. Ce parcours en version assez longue présente en prime des vues remarquables sur l'Albanais et sur la Gorge du Val de Fier.

5 h 15

13,75 km

785 m

Itinéraire assez long avec des montées raides pour randonneurs confirmés.

De **Seyssel**, prendre la **D991** en direction d'**Aix-les-Bains**, puis bifurquer à gauche dans le **Val du Fier**, par la **D14** en direction de **Rumilly**. À **Saint-André** (sortie du défilé du Fier), tourner à gauche par la **D31** (ou « route du Mont des Princes », vers **Crempigny**). Rester sur cette voie jusqu'à l'embranchement avec la petite route de **Chavanne** que vous utilisez, à gauche. À **Chavanne d'en Bas**, laisser son véhicule sur le petit parking, à gauche du **panneau de randonnées**.

ITINÉRAIRE

Descendez par le « chemin de la Croix ». Dépassez une placette (parking) et continuez tout droit. Vous évoluez sur un sentier assez escarpé qui vous élève rapidement à un embranchement où vous poursuivez en face, pour un bref aller-retour à la croix et aux ruines de l'église Saint-André. Vous bénéficiez alors d'une très belle vue sur l'Albanais et sur le Val de Fier. Continuez ensuite par l'itinéraire balisé qui emprunte un sentier balcon et descend à la base d'une barre rocheuse. À la fourche après une ruine et une clairière, prenez à droite. La trace gravit assez rudement le flanc du coteau. Elle aboutit sur un sentier transversal que vous utilisez à droite.

Ruines de la Chapelle Saint-André. *Photo Pascal RAY*

Au point de vue sur Seyssel.
Photo Pascal RAY

Retour, face à l'Albanais.
Photo Pascal RAY

Le parcours dépasse une cabane, descend dans la prairie et continue horizontalement entre les haies. À l'intersection vers plusieurs chalets (« la Renardière »), montez à gauche. Plus haut, à la bifurcation, laissez les chemins pour pénétrer dans l'alpage par un passage aménagé. Rejoignez la mare, puis la table d'orientation. La vue sur les Alpes du Nord, sur la Tournette et sur le Mont Blanc est magnifique. Continuez par le chemin qui aboutit à la « Ferme du Comte ».

Passez à gauche du bâtiment et descendez vers le nord-ouest par l'itinéraire fléché. Repérez un chemin à droite: ce sera celui que vous utiliserez après un aller-retour en bas de l'alpage pour une vue intéressante sur la bourgade de Seyssel et sur le Rhône. De retour sur la voie précédemment repérée, vous dépassez deux citernes et un abreuvoir avant de pénétrer dans la forêt.

Méfiez-vous ensuite des glissades sur le chemin pierreux qui descend assez vigoureusement! Vous terminez sur une piste que vous prenez à droite. À l'embranchement, continuez à gauche par l'allée qui longe des arbres fruitiers. Poursuivez à droite devant le cimetière et entrez dans le village de Droisy par la D57. Virez à droite contre l'église par la « rue du Mont des Princes ». Plus loin, tournez à droite par la « route des Esserts » et à la bifurcation suivante, virez encore à droite. À la fin du goudron (parking, panneau d'entrée dans les alpages de Savoie), prenez à gauche. Conservez ensuite la piste principale fléchée. Continuez tout droit vers les ruines du hameau de « Chez Pantet » (895 m). Vous retrouvez la mare qui précède la « Ferme du Comte ». Descendez par l'itinéraire utilisé à la montée jusqu'au chalet « la Renardière » où vous continuez tout droit. Le chemin tourne à gauche et passe entre deux cabanes. Plus bas, la piste dépasse des clairières et sinue pour vous ramener à votre point de départ.

CIRCUIT PÉDESTRE: **Chavanne d'en Bas** (467 m) - **Croix et Chapelle** ruinée de **Saint-André** – **Montagne des Princes** (931 m) - **La Ferme du Comte** - la Pulente - **Droisy** (678 m) - Champ Camin - les Lovatières - **Chez Pantet** (ruines) - **Montagne des Princes** - les Grandes Ouilles - **Chavanne d'en Bas**.

AU DÉPART DE DROISY
(parking des randonnées : 690 m)

12b. Montagne des Princes Ferme du Comte (932 m) Chez Pantet (900 m)

3 h

7,1 km

330 m

• Première section non balisée, mais évidente.
• Grimpée dans la forêt très soutenue.

De **Seyssel**, prendre la **D57** pour rejoindre le village de **Droisy**. Tourner à droite vers l'église en direction du parking des randonnées du Mont des Princes. Prendre à droite devant le panneau sens interdit, puis bifurquer encore à droite à l'embranchement suivant.
Depuis **Rumilly**, prendre la **D910** en direction de Frangy. Traverser le village de **Vallières-sur-Fier** et conserver la **D910** jusqu'à **Clermont** où il faut bifurquer à gauche par la **D57** pour rejoindre le village de **Droisy**. Tourner à gauche vers l'église en direction du parking des randonnées du Mont des Princes, puis tourner à droite devant le panneau sens interdit. Bifurquer encore à droite à l'embranchement suivant.
Laisser son véhicule sur le parking aménagé au **terminus de la voie goudronnée**.

Je vous propose ici un circuit court, avec un départ au parking des randonnées de Droisy. La balade est ardue avec une grimpée très sévère, mais les panoramas grandioses récompenseront votre effort.

Vue sur Seyssel et le Rhône.

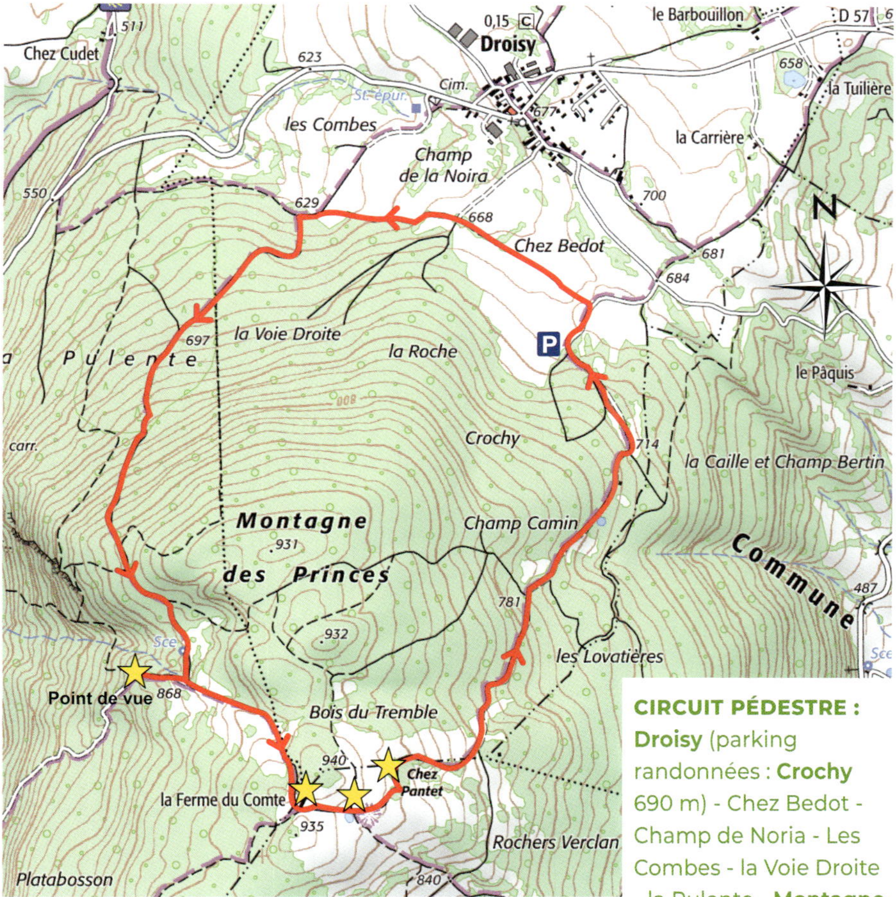

CIRCUIT PÉDESTRE : Droisy (parking randonnées : **Crochy** 690 m) - Chez Bedot - Champ de Noria - Les Combes - la Voie Droite - la Pulente - **Montagne des Princes** - Sur le Mont (868 m) - **Point de vue sur Seyssel** (830 m) - Sur le Mont - **Ferme du Comte** (932 m) - **Table d'orientation** (915 m) - **Chez Pantet** (900 m) - les Lovatières - Champ Camin - **Droisy** (parking des randonnées).**Crochy**).

La ferme du Comte (932 m).

ITINÉRAIRE

Revenez par la route d'accès au parking pour utiliser le premier chemin herbeux non balisé à gauche. Continuez tout droit au premier croisement, puis poursuivez en face par la large piste empierrée. Empruntez ensuite le premier chemin fléché à gauche (altitude : 630 m). Grimpez par l'itinéraire balisé (panneaux directionnels et poteaux supports de balises), en conservant la voie principale qui grimpe très vigoureusement. Vous aboutissez dans un pré où vous appuyez à droite en vous fiant au fléchage. Traversez un bosquet et poursuivez dans le pacage en dépassant deux citernes et un abreuvoir. Vous terminez sur une voie pastorale perpendiculaire au lieudit « le Mont » (870 m).

Descendez à droite pour un aller-retour en bas de l'alpage d'où se découvre une vue intéressante sur la bourgade de Seyssel et sur le Rhône. Appréciez la beauté du paysage avant de revenir à l'embranchement du « Mont » où vous continuez à monter en face. Franchissez une clôture (passage canadien), dépassez la Ferme du Comte (932 m), puis descendez vers la mare où vous continuez tout droit. Appréciez la table d'orientation et l'ampleur du panorama. La vue sur les Alpes du Nord, sur la Tournette et sur le Mont Blanc est magnifique. Rejoignez les ruines du hameau de « Chez Pantet » (895 m) où vous ignorez le sentier de droite.

Le chemin champêtre descend dans la forêt où il dépasse plusieurs clairières qui offrent parfois de magnifiques vues sur les Alpes.

Cette jolie voie forestière vous ramène tranquillement au parking.

La mare des alpages du Mont des Princes, le Mont Blanc et la Tournette.

À VOIR, À VISITER

LA MAISON DU HAUT RHÔNE

Port Gallantin - 74910 SEYSSEL
Expositions et salle de projection de films sur le Rhône et le patrimoine local.
Tél. 04 50 56 77 04 - *Site: http://www.maison-du-haut-rhone.org/*

LE CHÂTEAU DE CLERMONT (Style Renaissance)

Visites guidées, expositions, produits régionaux.
Tél. 04 50 33 50 33
Site: https://experience.hautesavoie.fr/decouvrir/patrimoine-departemental/5-chateau-de-clermont?saison=ete

LE HAMEAU RUINE DE « CHEZ PANTET »

Dans ce hameau, s'est constitué à partir d'octobre 1942 et surtout de février 1943, l'un des premiers maquis de Haute-Savoie.
Plus de trente jeunes, pour la plupart réfractaires au service du travail obligatoire en Allemagne (STO), ont vécu ici, soutenus et ravitaillés par les sympathisants de la région.
Le 28 mai 1943, une cinquantaine d'Alpinis attaquent ce maquis. Encerclés et très mal armés, ces hommes se rendent aux Italiens après un combat intense, mais inégal.
Sur les vingt-sept jeunes incarcérés dans la prison de Fossano, en Italie, onze s'évadent, seize sont libérés par les partisans italiens en juillet 1944. Treize reprennent la lutte contre les nazis. Trois tombent pour leur idéal.
À 300 m au-dessus, la ferme du Comte fut incendiée, comme les maisons du hameau de Pantet, en mai 1943. Par la suite, en juillet 1944, elle servit de refuge au maquis de Richemond après les combats au col du même nom, en face, dans l'Ain.

Source: panneau sur le site, commune de Droisy et le Souvenir Français

AU DÉPART DE CHANAY (stade municipal : 495 m)

13. Sentier de la Dorches : Belvédère de la Cascade (342 m) Ruisseau de la Dorches Ruisseau des Peillettes

2 h 45

7 km

235 m

• Itinéraire balisé.
• Le sentier du belvédère de la cascade de la Dorches (en partie sécurisé) est pentu et étroit, il traverse une grande pente.

À **Valserhône (Bellegarde-sur-Valserine)**, prendre la **D25** jusqu'à **Billat** où il faut bifurquer à gauche par la **D991**. Poursuivre jusqu'au centre du village de **Chanay** pour prendre à droite en face du monument aux morts la « **route de Bocconod** ».
Laisser son véhicule sur le **parking du stade municipal**, en face du local des pompiers.

Cette promenade champêtre mène le marcheur à la découverte des ruines d'un château fort et d'une belle cascade. Le long du parcours, de magnifiques panoramas se présentent sur le Rhône, les Alpes, le Jura et sur la gorge creusée par le ruisseau de la Dorches.

ITINÉRAIRE

Dirigez-vous vers l'est par le sentier aménagé le long de la « route de Bocconod ». Rejoignez le four banal, traversez la route départementale (D991) sur le passage piéton (monument aux morts) et continuez en face. Tournez à droite devant l'église par la « rue du Château ».
À l'embranchement avec le « passage de Contamine », poursuivez par « rue de la Burlas ». Au carrefour devant une

Vue sur la gorge de la Dorches.

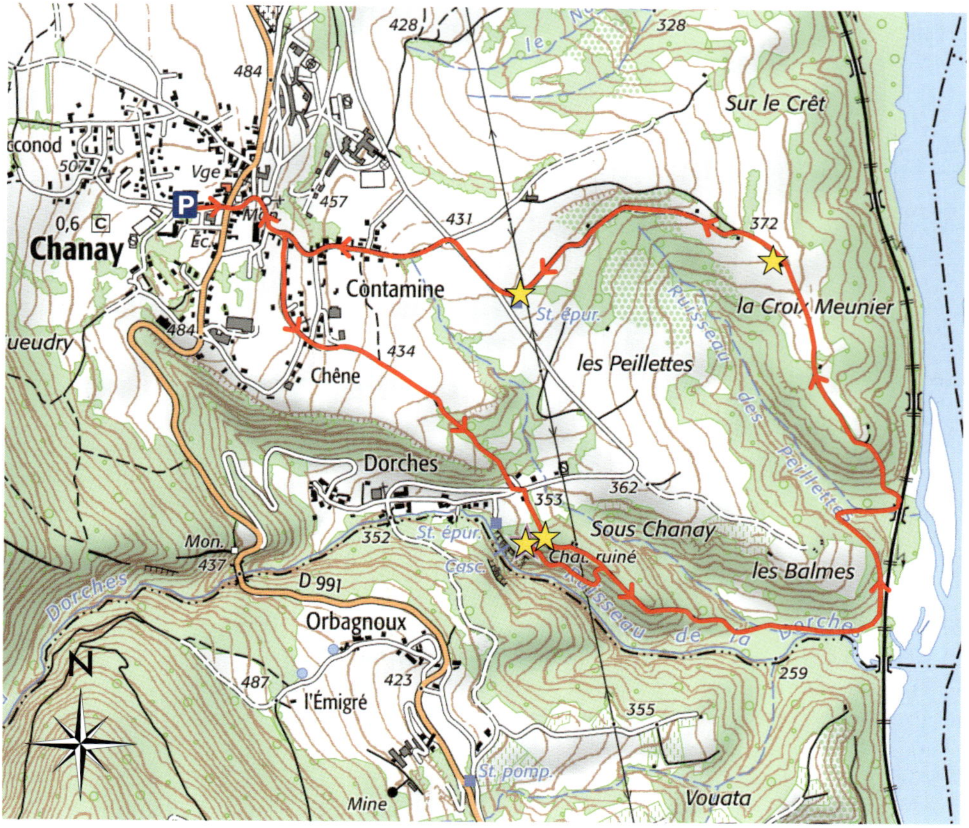

CIRCUIT PÉDESTRE : Chanay (495 m) **- Chêne - Dorches** (353 m) - Sous Chanay **- Château ruiné de Dorches** (355 m) **- Belvédère de la cascade de la Dorches** (342 m) **- Ruisseau de la Dorches** - les Balmes - Ruisseau des Peillettes - Croix Meunier **- Contamine - Chanay**.

maison, descendez par le « chemin de la Pierre Carlin ». Dépassez le centre équestre (vue sur le Rhône) et rejoignez le hameau de Dorches où vous prenez la rue à gauche pour tout de suite tourner par le chemin à droite.

Remarquez à droite la belle tour ruinée du « château de Dorches ». Plus loin, prenez le chemin à droite vers un pylône électrique. Poursuivez dans l'herbage jusqu'au sentier de la cascade que vous utilisez à droite. Ce parcours abrupt traverse une grande pente, sur la dernière section plus exposée de bons câbles protègent la progression. Une pancarte indique qu'il est interdit de descendre au pied de la chute d'eau car la pente est trop sévère. Rejoignez

Au belvédère de la cascade de la Dorches.

le belvédère dès lors bien visible. La vue sur la cascade dans un cadre sauvage est captivante.

Revenez prudemment sur vos pas jusqu'à l'itinéraire principal que vous empruntez à droite. Le chemin descend joliment le long d'une longue clairière qui fut autrefois vigne. Un cellier (grangeon dans le bas Bugey) surplombe le ravin de la Dorches.

En bas, le circuit enjambe un ru sur une passerelle avant de longer la rive gauche de la Dorches. Bifurquez à gauche devant la voie ferrée.

Plus haut, sous un cellier et vers une table d'interprétation sur le vignoble de jadis, descendez par le sentier à droite. Vous virez encore à droite un peu plus bas avant d'enjamber le « ruisseau des Peillettes » sur une passerelle.

Le parcours grimpe ensuite assez sévèrement dans le bois. Il aboutit sur le plateau où prairies et cultures remplacent l'antique vignoble. Le panorama s'ouvre largement sur la montagne de Cessens, le Mont Clergeon, le Gros Foug, la Montagne des Princes, le Vuache, le Grand Crêt d'Eau, le Haut-Jura et la gorge de la Dorches. En vous retournant, la vue sur les Alpes vous émerveille.

Dépassez plusieurs celliers, puis un parc à sangliers et un élevage de chiens, puis poursuivez sur le goudron en profitant d'un très beau regard sur le Rhône et le barrage de Seyssel. Vous terminez sur la « route de Dorches » que vous empruntez à droite. Bifurquez par la piste à gauche au premier croisement. Empruntez ensuite le « Chemin du Lavoir » et suivez les panneaux « retour Chanay ». Vous fermez la boucle à l'embranchement « Passage de Contamines » - « rue de la Burlas ».

Revenez alors jusqu'au parking municipal par l'itinéraire du départ.

Vue sur le Rhône, le Mont Clergeon, le Gros Foug et la Montagne des Princes.

LE CHÂTEAU DE DORCHES

Cette forteresse fut édifiée au début du XIe siècle par la famille Du Balmey sur un piton rocheux. Elle surveillait au nord et à l'ouest l'ancienne voie gallo-romaine et au sud l'accès au Rhône.

Ce château savoyard connut son apogée au Moyen-Âge lors du conflit entre les comtés de Savoie et de Genève. Après la pacification de la région au XVe siècle, il fut aménagé en résidence.

Au XVIIIe siècle, il servit de carrière de pierres après avoir été endommagé par un incendie.

Selon la légende, Marguerite de Dorches, suite au départ de son époux en croisade, préféra se jeter du haut de la falaise dans les eaux de la cascade de la Dorches plutôt que de subir la convoitise d'un seigneur local.

L'accès est interdit à cause des risques de chutes de pierres.

Source : table d'interprétation sur le site.

AU DÉPART DE SURJOUX (parking du Pain de Sucre : 270 m)

14. Pont de Pyrimont (265 m) Challonges (466 m) - Pain de Sucre de Surjoux (305 m)

3 h 15

9,3 km

280 m

- **Parcours balisé.**
- **Prudence : risques de glissades sur les roches humides vers le Pain de Sucre.**

De **Culoz**, prendre la **D992** en direction de Seyssel. À l'embranchement, à quelques kilomètres après le village d'**Anglefort**, bifurquer à gauche par la **D991a** en direction de Bellegarde. Conserver cette route jusqu'à **Chanay**. Traverser le village pour prendre à droite la **D72b**. Conserver cette route jusqu'au **parking du Pain de Sucre**. De **Bellegarde-sur-Valserine**, prendre la **D25** jusqu'à **Billat**, puis la **D991** en direction de Seyssel et de Culoz. Dépasser **Injoux**, puis bifurquer à gauche par la **D72**. Conserver cette route en direction de Challonges jusqu'au Parc-en-Bas. Ne rejoignez pas le pont, mais appuyez à droite pour continuer jusqu'au **parking du Pain de Sucre** où vous laissez votre véhicule.

Regard sur le Rhône.

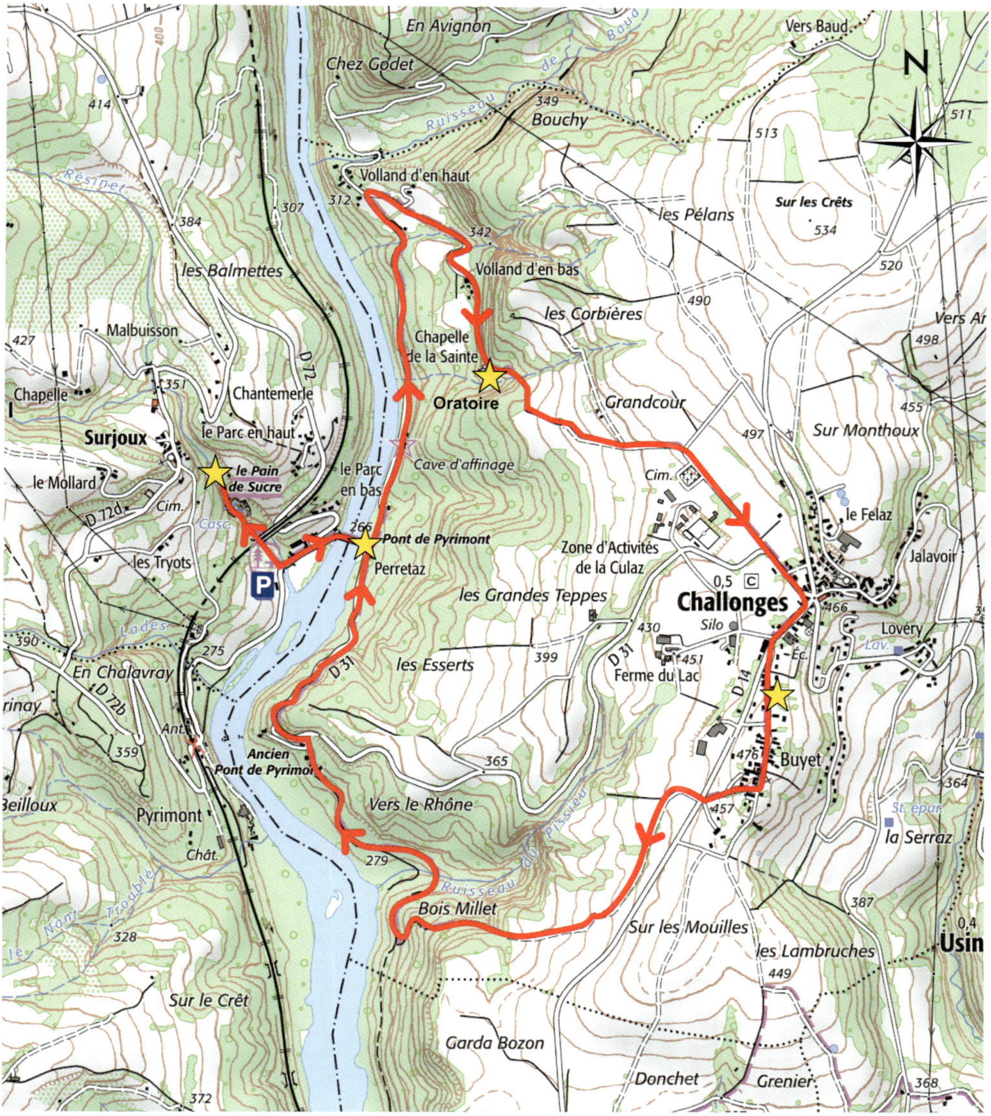

CIRCUIT PÉDESTRE : Surjoux: parking du Pain de Sucre (270 m) - ruisseau de Vézéronce - **Le Parc-en-Bas - Pont de Pyrimont** (265 m) - Cave d'affinage - **Volland d'en Haut** (312 m) - **Volland d'en Bas** (330 m) - **Oratoire** - Grandcour - **Challonges** (466 m) - **Buyet** (476 m) - Bois Millet - Ruisseau du Pissieu - Vers le Rhône - Perretaz - **Pont de Pyrimont** - **Le Parc-en-Bas** – Ruisseau de Vézéronce - **Parking du Pain de Sucre** - **Pain de Sucre** - Parking du Pain de Sucre.

14 PONT DE PYRIMONT (265 m) - CHALLONGES (466 m) PAIN DE SUCRE DE SURJOUX (305 m)

Challonges, village perché sur la colline entre les Usses et le Rhône, regarde le Mont Blanc et la Tournette. Le curieux pont de Pyrimont traverse originalement le fleuve. Le hameau du Parc, avec son ancien grenier à sel, fut le dernier port sur le Haut-Rhône. L'imposant viaduc du chemin de fer et le magnifique Pain de Sucre de Surjoux concluent agréablement la promenade.
Ce joli circuit utilise cependant souvent des voies goudronnées, mais ce sont des petites routes très peu circulées qui n'enlèvent rien au charme de la randonnée.

ITINÉRAIRE

Traversez le pont sur le « ruisseau de Vézéronce » et continuez tout droit en direction de « Challonges ». Empruntez le curieux pont de « Pyrimont » qui enjambe le Rhône, puis tournez à gauche pour longer le fleuve en rive gauche.
La petite route dépasse une cave d'affinage installée dans une cavité de la roche, avant de gravir tranquillement le coteau.
Au début du hameau de « Volland d'en Haut », prenez la première voie à droite. Le goudron se termine vers les deux maisons de « Volland d'en Bas » construites à l'orée du bois (à une altitude plus élevée qu'à « Volland d'en Haut », mais plus au sud!). Poursuivez en face par le sentier ombragé. Dépassez une source captée sous la molasse et l'oratoire avec sa madone où l'itinéraire s'incurve à gauche. Plus haut, prenez à gauche entre les champs.
Vous évoluez entre prairies, terres cultivées et petites vignes et vous bénéficiez d'une jolie vue sur le coteau de « Retord » et sur le vallon de « la Dorches ».
La piste se prolonge par une petite route sur laquelle vous conservez votre direction (vers le sud-est). En sommet de côte (vue sur le village de « Challonges »),

Oratoire ou « Chapelle de la Sainte ».

appuyez à droite, dépassez le cimetière, puis ignorez à droite la route du « Pont de Pyrimont » (D31). Dans le village de « Challonges », empruntez le raccourci en face et poursuivez par la D14 à droite pour utiliser la première rue à gauche, après l'école et en face de la salle des fêtes. Continuez tout droit par le « chemin de la Louise » en appréciant le panorama sur la « Tournette » et le « Mont Blanc ». Au panneau de randonnée « Buyet : 475 m », bifurquez à droite par

Petite vigne et vue sur le coteau de « Retord ».

Le village de Challonges.

Le sentier du bois Millet.

le « Chemin Millet ». Traversez prudemment la RD14 (gros bâtiment d'exploitation agricole) et poursuivez en face. Ignorez un chemin à droite et conservez la piste goudronnée dans la descente pour éviter le ravinement. En entrant dans le « bois Millet », le sentier côtoie à droite un ravin, puis il dévale rapidement le coteau pour plonger vers le « Rhône ». En bas (panneau « bois Millet : 290 m »), prenez le chemin horizontal à droite puis traversez le ravin du « ruisseau du Pissieu » sur une chaussée. Plus loin la voie monte le long d'une grosse maison et rejoint la route de « l'ancien pont de Pyrimont » par laquelle vous continuez à droite en contournant une villa.

Le Pain de Sucre de Surjoux.

LE HAMEAU DU PARC EN BAS
ANCIEN DERNIER PORT À L'AMONT DU HAUT-RHÔNE

LE GRENIER À SEL était un bâtiment public royal dont la construction a été motivée par la concurrence entre la France et la Savoie. La façade regarde le Rhône et domine une cour. Les pavillons latéraux ou de corps de garde encadraient les écuries qui bordaient la route en bas de la cour. L'étage du grenier servait au logement, le rez-de-chaussée était utilisé pour le stockage avec ses quatre magasins voûtés plein cintre. Jusqu'en 1860, le lieu servit de poste douanier puis, aux employés à la navigation du fleuve. Ce grenier est exemplaire des constructions publiques du XVIIIe siècle.

Source: https://monumentum.fr/monument-historique

Descendez enfin par la D31 pour rallier le pont de Pyrimont de Surjoux que vous réutilisez en sens inverse. Remarquez en rive droite, en bas du pont, une ancienne bitte d'amarrage des bateaux, puis vers l'embranchement, appréciez à droite l'ancien bâtiment qui servit de grenier à sel. Traversez le « ruisseau de Vézéronce » et le parking. Passez sous le viaduc du chemin de fer et longez le ru en rive droite en utilisant la main courante installée pour éviter les glissades sur la roche humide. Vous aboutissez dans un joli petit cirque où vous pouvez admirer une petite cascade qui a créé une énorme stalagmite ou « Pain de Sucre ». Revenez prudemment jusqu'au parking.

LE PONT DE PYRIMONT

Dès 1885, les habitants des rives du Rhône demandent le remplacement du bac à traille, qui assure le franchissement du fleuve, par un pont.
L'ancien pont qui reliait Chanay à Challonges est construit de mai 1905 à décembre 1906. Il est inauguré en 1907. Dans la nuit du 19 au 20 juin 1940, l'ouvrage est détruit par l'armée française, qui tente ainsi de retarder l'avancée allemande. De 1940 jusqu'au début des années cinquante, la traversée du fleuve se fait à nouveau à l'amont de l'ancien pont à l'aide d'un bac à traille.
En 1952, un pont provisoire est édifié à l'emplacement de la traille. Il prend le nom de « pont de Pyrimont de Surjoux » ou « passerelle de Surjoux ».

Source: https://fr.wikipedia.org/wiki/Pont_de_Pyrimont

Ancienne bitte d'amarrage des bateaux au pied du pont, au Parc

15. Sur le Jay (1 185 m)

Cette promenade bucolique rejoint les alpages en s'ouvrant sur des panoramas immenses. Les Alpes avec le massif du Mont Blanc, les préalpes avec le Salève, le Vuache, le Mont des Princes et le Gros Foug, le lac de Bourget et le Mont du Chat, le Grand Colombier, la vallée du Rhône et la petite ville de Bellegarde-sur-Valserine, la Haute Chaîne du Jura et le Crêt de Chalam se laissent agréablement admirer.

1 h 30

4,5 km

130 m

. Parcours familial sans difficulté.
. Prudence le long de la route départementale : marcher sur l'accotement.

À **Valserhône (Bellegarde-sur-Valserine)**, prendre la **D1804** jusqu'à **Châtillon-en-Michaille** où il faut emprunter à gauche la **D101C**. Plus haut, après l'embranchement avec la route d'Ochiaz, continuer à monter par la **D101**.
Laisser son véhicule sur le **parking du belvédère de Catray** (table d'orientation).

La table d'orientation de Catray (1 065 m).

ITINÉRAIRE

Appréciez le panorama décrit par la table d'orientation, puis utilisez la piste qui débute à l'entrée de la propriété de la maison de « Catray » et qui se dirige vers le sud-ouest. Continuez tout droit par la voie interdite aux véhicules à moteur et dépassez une aire de vol libre. Vous trouvez un balisage blanc et rouge des sentiers de Grande Randonnée numéros 9 et 509. Après environ un kilomètre, l'itinéraire utilise un joli chemin à droite, bordé de tilleuls ancestraux.

Remarquez en contrebas un puits protégé par une clôture grillagée et un encadrement de porte en pierre de taille fermé par une grille métallique. Ce sont les vestiges de l'ancienne ferme du « Jay d'en Bas ». Une table de pique-nique en pierre a été installée à cet emplacement. Un énorme tilleul ombrage le site.

Vous aboutissez à l'entrée d'un alpage. Respectez les consignes formulées sur un panneau :

- Restez sur les chemins balisés.
- Respectez la réglementation.
- Contournez largement les troupeaux.
- Tenez votre chien en laisse.
- Remportez vos déchets.
- Respectez les aménagements : clôtures, points d'eau, chalets d'alpage.
- Refermez les barrières après votre passage.

Dans le pâturage, le sentier s'oriente vers le sud-ouest, puis une pancarte vous invite à tourner à droite. Un peu plus loin, virez encore à droite (à gauche une barrière métallique est curieusement installée à l'entrée d'un vieux chemin). Franchissez une clôture, et poursuivez dans le bois pour rapidement aboutir sur

Sentier de Grande Randonnée (numéro 9) au « Jay d'en Bas ».

une piste pastorale que vous empruntez à droite (vers le nord-est).

Dépassez la ferme d'alpage de « Sur le Jay » et continuez par la voie principale qui traverse la pâture. Le panorama s'ouvre largement sur les Alpes et sur le Haut-Jura. L'itinéraire descend ensuite tranquillement dans le « Bois de Catray » pour finir sur la voie départementale (D101). Prenez cette route à droite (prudence, restez au maximum sur l'accotement) pour rejoindre le site de « Catray ».

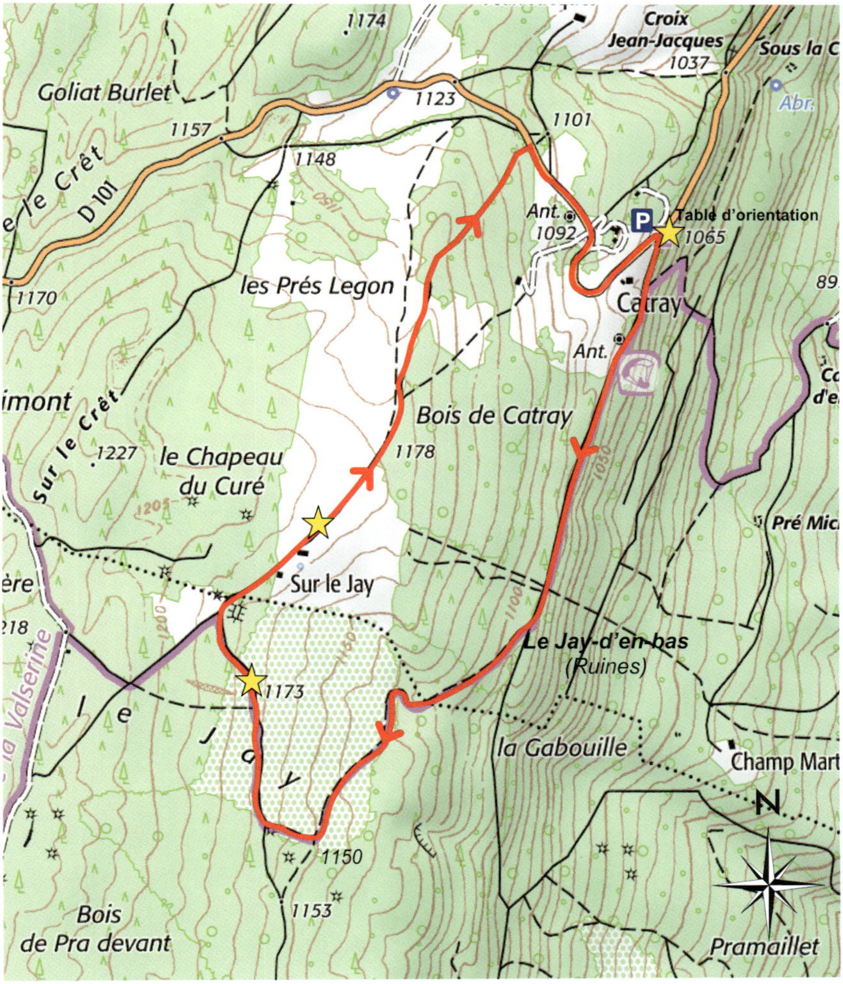

CIRCUIT PÉDESTRE : Catray (1065 m) - Bois de Catray - **le Jay d'en Bas** (ruine) - le Jay - **Sur le Jay** (1185 m) - Le Chapeau de Curé - Les Prés Legon - **Catray**.

Pâturage de Sur le Jay.

Piste pastorale des Prés Legon et vue sur le Haut-Jura.

AU DÉPART D'ÉLOISE (parking de l'église: 500 m)

16. Pont de Grésin (348 m) - Tines de Parnant (340 m) Beauchâtel (420 m) Fruitière (442 m)

Depuis **Bellegarde-sur-Valserine** (Valserhône), prendre la **D1508** en direction d'Annecy. Après environ 7,5 kilomètres, bifurquer à gauche. Rejoindre le village d'**Éloise**.
Depuis **Frangy**, prendre la **D1508** en direction de Bellegarde-sur-Valserine. Dépasser le hameau de **Mons** puis traverser le village de **Vanzy**. Laisser les directions de Clarafond-Arcine et de l'Autoroute Blanche, puis bifurquer à droite. Rejoindre le village d'**Éloise**.
Laisser son véhicule sur la **place de l'église** (grand parking).

3 h

7,4 km

302 m

. Sentiers pentus.
. Section entre Beauchâtel et Fruitière non balisée.

Cette promenade amène le visiteur sur un pont insolite qui enjambe vigoureusement le Rhône. Avant son confluent avec le fleuve, le ruisseau de Parnant a joliment entaillé la molasse en une gorge étroite, profonde et sinueuse. À l'amont, une cascade se jette dans la profondeur du canyon, tandis qu'une élégante passerelle enjambe l'affluent.
Sur les hauteurs, la vue est très dégagée sur les montagnes environnantes: premier contrefort du Grand Crêt d'Eau, défilé de l'Écluse, Vuache, Tournette, Bauges, Grand Colombier... Les villages de Grésin, Léaz, Arcine, Clarafond et Éloise se laissent tour à tour contempler.

Vue sur le village de Grésin et sur le Grand Crêt d'Eau.

16 PONT DE GRÉSIN (348 m) - TINES DE PARNANT (340 m) BEAUCHÂTEL (420 m) - FRUITIÈRE (442 m)

ITINÉRAIRE

Rejoignez la rue principale que vous utilisez à gauche, pour contourner l'église. Poursuivez par la voie sans issue, face au Vuache. À la fourche, descendez en face par le « chemin du Pont de Grésin ». L'itinéraire dévale rapidement dans la forêt pour aboutir à l'embranchement du « Pont de Grésin » (panneau : 370 m). Continuez en face pour vous rendre sur le pont. Traversez et appréciez l'ouvrage et les perspectives sur le Rhône avant de revenir jusqu'à la bifurcation 370 mètres où vous prenez à gauche. Un peu plus loin, le circuit balisé continue tout droit, mais nous préférons

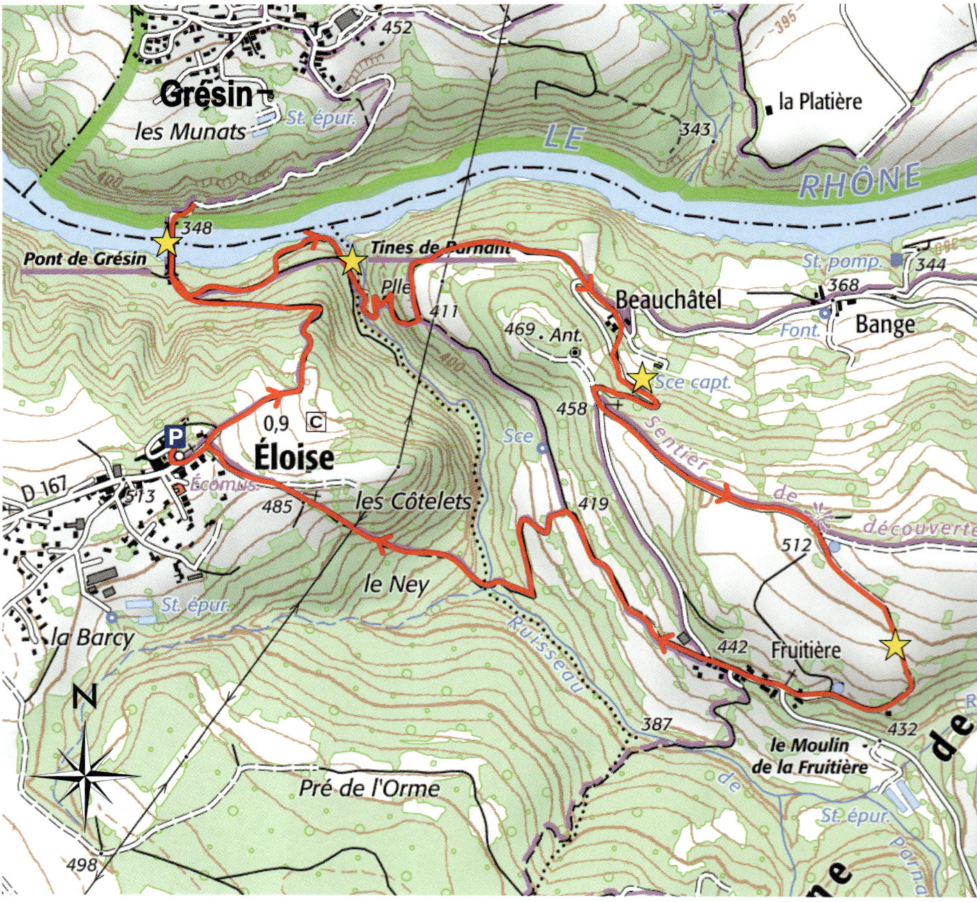

CIRCUIT PÉDESTRE : Éloise (510 m) - **Pont de Grésin** (348 m) - Confluent Parnant-Rhône - **Tines de Parnant** (340 m) - **Beauchâtel** (420 m) - **Fruitière** (442 m) - Ruisseau de Parnant (370 m) - le Ney - les Côtelets - **Éloise.**

descendre à gauche pour longer la rive gauche du fleuve avant d'arriver au confluent du « Parnant ». Le ruisseau a taillé dans la molasse une gorge profonde et sinueuse. Une petite cascade se jette dans ce petit canyon et une passerelle enjambe élégamment l'affluent au-dessus de la chute d'eau. Ensuite l'itinéraire s'élève dans le coteau par une grimpée raide et sinueuse. Il aboutit à un embranchement en bordure d'un vaste replat (poteau 410 m). Prenez à gauche en direction du « Moulin ». Le sentier continue en lisière, puis il se prolonge par une piste (vue sur le Vuache et sur le village d'Arcine).

Gorge taillée par le Parnant.

Au terminus de la voie, utilisez la route, en face. Puis prenez à droite derrière les maisons de « Beauchâtel ». Après le goudron, un chemin herbeux gravit diagonalement la pente pour finir sur la route de « Fruitière » que vous empruntez en face (vue sur le village de Léaz et sur le Rhône).

Le Rhône, Léaz, le défilé de l'Écluse et le Vuache.

Dépassez une épingle à droite, puis, avant le virage à gauche, montez par le raccourci à gauche. Poursuivez par la petite route à gauche devant la croix. Plus haut, à l'embranchement sous une ligne électrique, quittez un balisage en appuyant à droite pour passer vers un captage. Le panorama est magnifique, avec des regards sur les massifs de la Tournette et des Bauges, sur le Grand Colombier et sur les villages de Clarafond et d'Éloise…

La piste décrit une large courbe à droite avant d'arriver vers la première habitation de « Fruitière ». Elle se prolonge par la rue principale du hameau (ou « chemin des Crêts »). Remarquez le lavoir dont les bacs sont alimentés par une source d'eau claire et continuez jusqu'à l'embranchement vers la dernière maison (panneau 442 m) où vous prenez à gauche le « chemin de Pentey ».

LE PONT DE GRÉSIN

La traversée du Rhône est attestée depuis le Moyen Âge à l'emplacement du pont : elle s'effectuait alors à l'aide d'un bac à traille.
L'existence d'un pont est mentionnée en 1460. D'abord en bois, puis en pierre, les ouvrages se succédèrent jusqu'en 1946, date à laquelle les eaux du barrage de Génissiat recouvrirent le secteur.
En 1947, il fut décidé de construire un nouveau pont et les travaux furent confiés à la CNR. L'ouvrage est inauguré en 1951 et réhabilité en 2007. C'est un superbe pont métallique suspendu et supporté par des câbles tendus entre les deux rives. L'œuvre est malheureusement méconnue, puisqu'aucune route ne la traverse. La principale utilité du pont était l'accès à la forêt du côté d'Éloise où de nombreux habitants de Grésin allaient couper leur bois.

Sources : Wikipédia et panneaux d'information sur le site

À « Champ du Chêne » (420 m), tournez à gauche. Traversez le « Parnant » et un affluent sur un pont, puis montez dans les bois du « Ney » et des « Côtelets » par le chemin balisé. Plus haut, vous longez une lisière avant de poursuivre par la piste entre les champs. Vous aboutissez vers une croix (panorama sur le Vuache, le défilé de l'Écluse, le Grand Crêt d'Eau, Léaz et Grésin) où vous prenez à gauche. Vous fermez la boucle à l'embranchement du chemin de « Fruitière » avec celui du « Pont de Grésin ».

Revenez vers l'église d'Éloise par la même rue.

LE BARRAGE DE GÉNISSIAT

Situé sur le Rhône, à 40 km en aval de Genève, le barrage-centrale de Génissiat est un site incontournable ! Il se situe à cheval sur les départements de l'Ain et de la Haute-Savoie. Le site est classé Patrimoine industriel du XXe siècle.

Le barrage de Génissiat a été le premier grand barrage hydroélectrique d'Europe lors de sa construction : début des travaux en 1937 et mise en service en 1948, après une interruption durant la Seconde Guerre mondiale.

Le barrage est de type « poids », c'est-à-dire que son poids s'oppose à la force de l'eau. Il culmine à 104 m. La hauteur maximale de chute est de 67 m. Le débit total de la centrale hydroélectrique est de 750 m^{3}/s.

La centrale est composée de six turbines verticales de 70 MW chacune, et de deux évacuateurs de crues : un canal à ciel ouvert, situé en rive droite, et un canal souterrain, en rive gauche.

En cas de crues importantes, l'eau se déverse alors à toute vitesse et se jette dans le Rhône, quelques dizaines de mètres plus bas, dans un grondement assourdissant. Cet évènement, appelé « saut du ski », est très spectaculaire.

Source : https://www.mairie-injouxgenissiat.fr/mon-village/tourisme-equipements/tourisme-a-injoux-genissiat/

AU DÉPART DU SORGIA (parking de la Charmante : 1373 m)

17. Grand Crêt d'eau Crêt du Milieu (1 603 m) Crêt de la Goutte (1 621 m)

3 h 15

8,9 km

460 m

Promenade familiale panoramique balisée.

De **Bellegarde-sur-Valserine**, prendre la **D991** ou la **D16** jusqu'à **Lancrans** où il faut poursuivre par la **D991**. À **Confort**, bifurquer à droite par la **D16**. Avant la station de **Menthières** (panneau), prendre la petite route à droite en direction du Sorgia et de l'aire de vol libre. Dans une épingle à gauche, continuer en face par la **voie forestière (fermée du 16/12 au 31/05 et en période d'enneigement)**. Laisser son véhicule sur le **parking de la Charmante** (panneaux d'information).

Cette promenade conduit le marcheur sur le point culminant des randonnées proposées dans ce guide. Le panorama est démesuré et splendide. Les Alpes suisses, italiennes et françaises, les Préalpes, le Jura, le Bugey et dans le lointain, le Massif Central... s'offrent tour à tour au regard. Tandis qu'en bas, la ville de Genève, son jet d'eau et l'immense Léman, attirent plus singulièrement l'attention.

ITINÉRAIRE

Montez par la piste, en face. Vous atteignez rapidement l'alpage. Franchissez la barrière canadienne et continuez tout droit. Descendez jusqu'au « Sorgia d'en Bas » tout en appréciant la vue sur le massif « Grand Colombier-Retord ». Après le chalet, virez à gauche (est) par la trace d'un ancien chemin. Le sentier s'oriente ensuite vers le nord et pénètre dans la forêt. La montée est assez soutenue, mais ombragée. Quelques clairières s'ouvrent le long de l'itinéraire offrant parfois de jolis « coups d'œil » sur les Alpes.

Au Sorgia : vue sur le plateau de Retord et sur le Rhône.

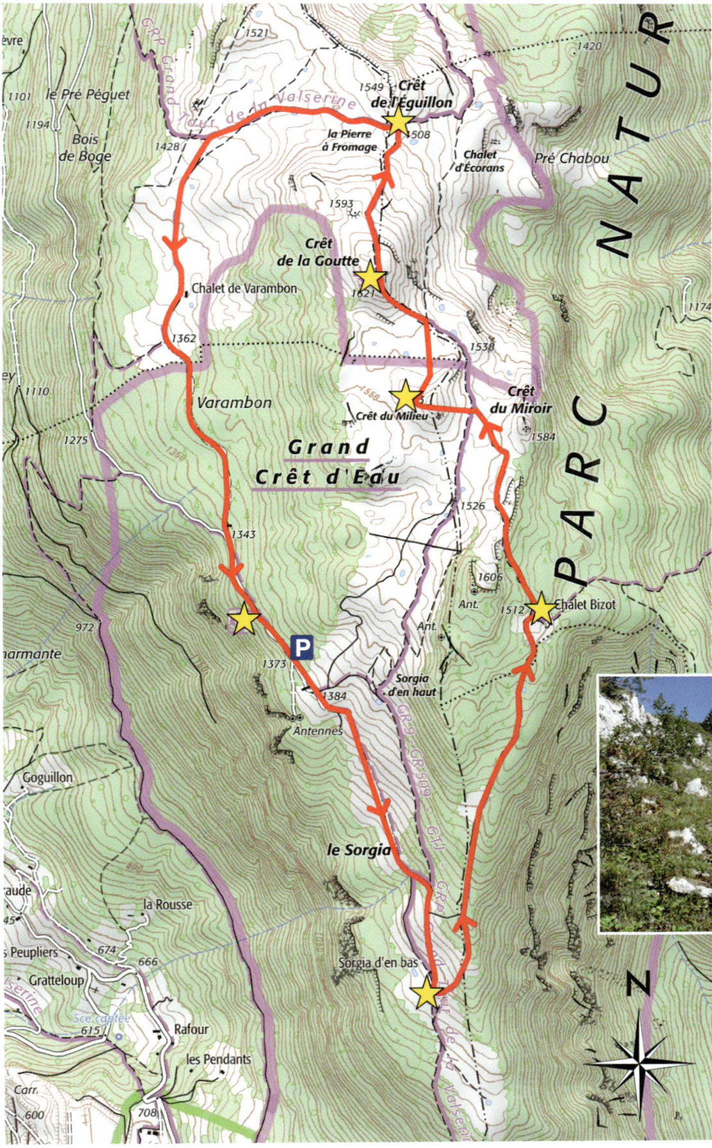

Après le « Chalet Bizot », montée dans le coteau.

CIRCUIT PÉDESTRE: **Parking de la Charmante** (1370 m) - le Sorgia - **Sorgia d'en Bas Chalet** (1221 m) - **Chalet Bizot** (1510 m) - **Crêt du Milieu** (1603 m) - **Crêt de la Goutte** (1621 m) - **la Pierre à Fromage** - **Chalet de Varambon** (1346 m) - **Parking de la Charmante**.

Dépassez le « Chalet Bizot » qui regarde le Mont Blanc, puis appuyez à gauche pour gravir diagonalement le coteau par la sente ténue, mais balisée. Franchissez une clôture et continuez tout droit avant d'obliquer à gauche pour rallier à vue le sommet du « Crêt du Milieu ». Appréciez le panorama puis poursuivez vers le nord, jusqu'à la croix du « Crêt de la Goutte ». Une table d'orientation décrit le paysage visible sur 360 degrés. Montagnes étincelantes ou verdoyantes, lac impassible, alpages riants... offrent au site un cachet à la fois bucolique et grandiose. Descendez vers le nord en utilisant le sentier balisé, puis à l'intersection de « la Pierre à Fromage », tournez franchement à gauche pour franchir la clôture par un tourniquet.

L'itinéraire marqué par des « piquets supports de balises » se dirige vers l'ouest avant de bifurquer à gauche pour descendre plein sud.

Autrefois, lorsque les bergers transportaient leurs fromages à dos d'hommes, ils déchargeaient leurs meules sur cette pierre afin de bénéficier d'une pause réparatrice avant de descendre dans la vallée.
Anecdote rapportée par le fermier laissant ses vaches en estive sur le site.

Après le « Chalet de Varambon » (gîte et domicile estival du berger), ignorez un parcours fléché à droite et continuez par la piste d'accès. Vous débouchez sur la petite route forestière par laquelle vous montez pour rejoindre le parking.

Au Crêt de la Goutte (1621 m) : vue sur la chaîne du Haut-Jura. En bas, à droite, on aperçoit le Léman et en haut à gauche, le Crêt de Chalam.

Au sommet du Crêt de la Goutte (1621 m) :
croix et table d'orientation.

Vue sur Bellegarde-sur-Valserine et sur le Rhône depuis l'aire de vol libre.

À VOIR, À VISITER

LES PERTES DE LA VALSERINE (À BELLEGARDE)

Le long de la D1084 entre Bellegarde-sur-Valserine et Châtillon-en-Michaille, ou par le sentier aménagé au départ du centre-ville de Bellegarde (2 h aller-retour).

LE CHÂTEAU DE MUSINENS (XIe SIÈCLE) ET SON JARDIN MÉDIÉVAL (À BELLEGARDE)

Poste fortifié qui recevait les péages routiers.
Site: https://www.terrevalserhone-tourisme.fr/fiches/Valserhone/Site-et-monument-historiques/Chateau-de-Musinens

LE CHÂTEAU DE MONTANGES

Maison forte qui fut construite avec les pierres prises sur place.
Tél. 04 50 56 97 78
Site: *https://www.terrevalserhone-tourisme.fr/fiches/Montanges/Site-et-monument-historiques/Chateau-de-Montanges*

LES RUCHERS DE LA VALSERINE (À MONTANGES)

Visite de l'exploitation pendant la période de la récolte, soit de mai à septembre sur rendez-vous
Tél. 04 50 56 94 67
Site: https://www.terrevalserhone-tourisme.fr/fiches/Montanges/Produits-apicoles/Les-Ruchers-de-la-Valserine

L'ABBAYE DE CHÉZERY (À CHÉZERY-FORENS)

Abbaye consacrée en 1142, reconstruite en 1645. En 1793 les derniers religieux partirent de cette abbaye. Visite libre de l'église.

LA FROMAGERIE DE L'ABBAYE (À CHÉZERY-FORENS)

Visite de la fabrication
Tél. 04 50 56 91 67 - *Site: www.fromagerie-abbaye.fr*

À PRATIQUER

PARAPENTE

Baptêmes en biplace sur différents sites de la Haute Chaîne du Jura
Renseignements: Didier Martinet - Tél. 06 72 15 80 68
Site: www.airedevent.com

AU DÉPART DE LÉAZ (parking du belvédère : 490 m)

18. Vierge de Léaz (547 m) Fort l'Écluse (606 m)

Ce circuit balisé intègre, en option, une via ferrata: il offre ainsi aux groupes la possibilité d'associer randonneurs et « ferratistes », tout en les conduisant vers des points de vue magnifiques et variés.

5 h

11,35 km

525 m

• Itinéraire balisé.
• Matériel adapté obligatoire pour la via ferrata de Fort l'Écluse.

De **Bellegarde-sur-Valserine**, prendre la **D1206** en direction de **Genève** et de **Gex**. Entrer dans le village de **Léaz** et laisser son véhicule sur **le parking du Belvédère de Léaz** (parcours fléché).

ITINÉRAIRE

Depuis le parking (banc public) prenez à droite, le chemin herbeux fermé à la circulation par une chaîne. Vous atteignez rapidement le sommet de la colline. Le château de Léaz était édifié sur ce promontoire qui domine le Rhône. Sur les vestiges d'un mur trône une vierge qui regarde le bourg de Léaz. Le lieu offre des vues intéressantes sur le Vuache, sur la Haute Chaîne du Jura (le Reculet), sur Fort l'Ecluse, sur la chaîne Grand Colombier-Retord... Revenez sur vos pas et poursuivez par l'itinéraire fléché à droite.

À la Vierge de Léaz.

Ne rejoignez pas le lotissement, mais descendez par le joli chemin entre les haies. À l'entrée du bois, continuez tout droit. Le sentier sinue dans la forêt pour descendre dans la pente boisée. Une passerelle enjambe le ruisseau de Rochefort. Le parcours rejoint la berge du Rhône. Il remonte en rive droite du fleuve puis le long d'un ruisseau où subsistent les ruines des moulins de

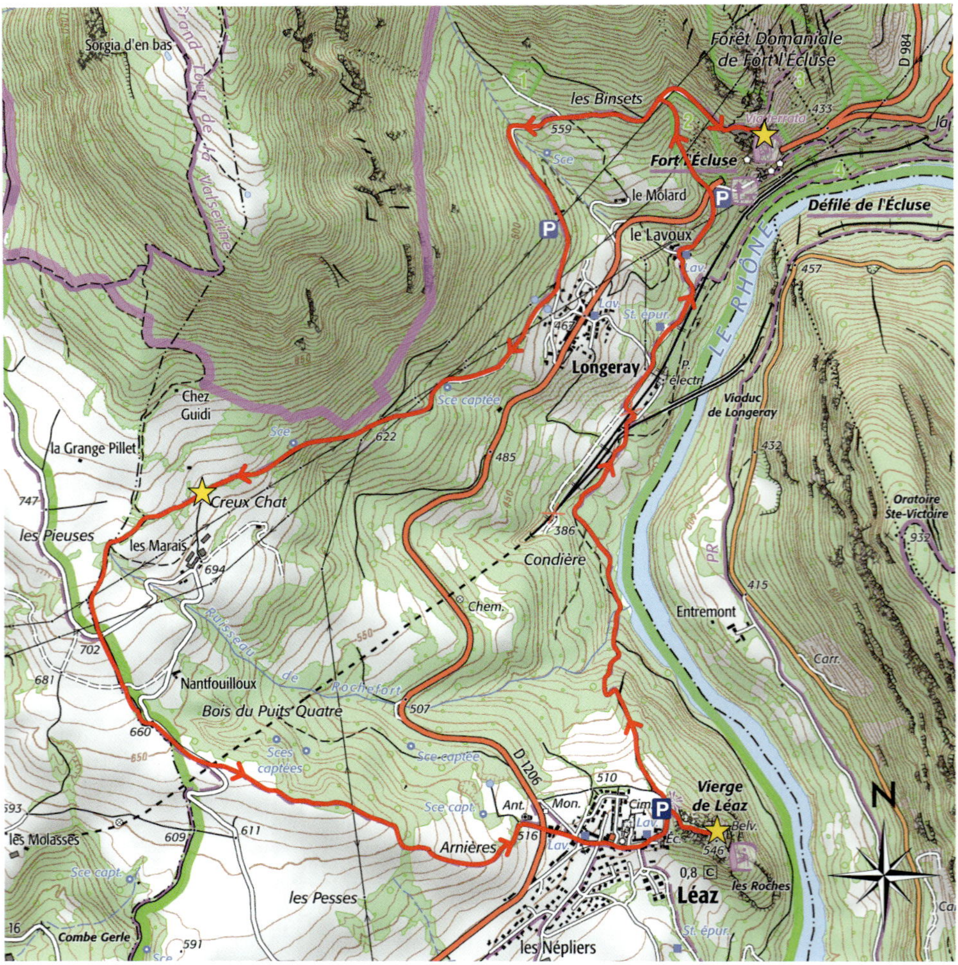

CIRCUIT PÉDESTRE : **Léaz** (500 m) - **Vierge** (ou belvédère) **de Léaz** (547 m) - Ruisseau de Rochefort - Condière - **le Lavoux** - **Fort l'Écluse** - **Fort supérieur** (603 m) par la via ferrata ou par le sentier - les Binsets - Creux Chat (730 m) - Les Marais - Bois du Puits Quatre - Anières - **Léaz**.

À Fort l'Écluse : vue sur le Rhône.

Condière. Vous aboutissez sur une piste que vous utilisez à droite. Traversez une première voie ferrée sous un pont, puis une seconde par un passage à niveau. Utilisez la petite route à droite. À la fourche, continuez tout droit, face au fort. Conservez la voie goudronnée et, dans le hameau du Lavoux, prenez à droite derrière la fontaine.

Sur le parking du fort, deux options s'offrent à vous :

- Vous êtes équipé et vous connaissez la technique d'utilisation du matériel. Le sentier d'accès à la via ferrata commence à gauche au bout du parking.
- Vous ne pratiquez que la randonnée. Traversez la route départementale au niveau des feux tricolores et empruntez le sentier, en face. Des marches d'escalier formées par des traverses

Retour à Léaz.

de chemin de fer facilitent le début de l'ascension qui sera rude jusqu'à la petite route d'accès au fort supérieur. Vous progressez sur le sentier du « retour via ».

Effectuez un aller-retour au fort supérieur. Traversez dans une large tranchée en direction de Collonges.

Vous aboutissez sur un magnifique belvédère qui domine le fleuve et qui regarde les Alpes du Nord, le Salève, le Mont Blanc, la Tournette, le Vuache, les Monts du Chat et de l'Épine, le Grand Colombier...

Regagnez la voie d'accès au fort et conservez cette dernière.

Au lieu-dit « Sur Longeray » (496 m), montez à droite, puis gardez le chemin principal balisé. Après une assez longue montée, vous appréciez le sommet de côte, puis le replat dans les pâturages, d'autant que la vue s'ouvre, notamment sur les montagnes des Bauges.

L'itinéraire suit des haies puis une lisière avant de passer sous les lignes électriques. Il descend dans le pré, traverse une voie vicinale au lieu-dit « les Marais » (705 m) pour continuer en face. Il coupe une piste, avant de rejoindre une petite route qu'il utilise à droite. Le premier chemin à gauche dans les prés vous ramène au village de Léaz où vous prenez la direction de l'église avant d'emprunter la rue fléchée du belvédère. Vers le lavoir, continuez par le « chemin des Moulins ».

POUR VISITER FORT L'ÉCLUSE

Renseignements: route de Genève - 01200 LÉAZ
Tél. 04 50 56 73 63
Site: https://www.fortlecluse.fr/

LA VIA FERRATA DE FORT L'ÉCLUSE

Vous pouvez vous équiper sur le parking, le départ de la via ferrata est tout proche. Le sentier d'accès vient buter contre une paroi verticale. Plusieurs petits surplombs successifs sont à gravir, mais l'équipement en place (barreaux et pédales d'acier) facilite l'ascension.

Plus haut, une large vire horizontale mène au-dessus du fort inférieur. Une autre vire ascendante rejoint un petit surplomb. L'itinéraire utilise ensuite une sorte de petite crête rocheuse montante comportant quelques courts ressauts faciles. Il gravit à nouveau la falaise, pour passer sur un plan incliné, avant de continuer l'ascension sur une rampe rocheuse confortable.

Le parcours longe la base du mur de soutènement du fort supérieur, il traverse un fossé sur une petite poutrelle avant de franchir une large tranchée sur un pont de singe.

Un sentier grimpe enfin jusqu'au pont-levis d'accès à la forteresse.

LA VIA FERRATA DE FORT L'ÉCLUSE (suite)

Descriptif technique
- Temps total de parcours: 1h30
- Dénivelée positive: 150 m
- Longueur: 400 m
- Temps de parcours: 1h30
- Difficulté: AD

Itinéraire réservé à des montagnards chevronnés ne craignant pas le vertige.

Matériel adapté obligatoire
Baudrier, longes en Y avec absorbeur de chocs, mousquetons de sécurité à verrouillage automatique, casque, dégaine et (ou) « vache ».

Recommandations
- En via ferrata, les chocs consécutifs à une chute sont extrêmement violents et aucun matériel n'y résiste. C'est pourquoi l'utilisation de l'absorbeur de chocs et (ou) de la corde est impératif.
- Respecter le sens de l'itinéraire.
- Ne pas s'engager dans la via ferrata par temps de pluie ou lorsque l'orage menace.

Assurage
- **Assurage en cordée**: à n'utiliser que pour assurer des personnes en difficulté: corde d'attache, technique classique avec un premier de cordée compétent, passage de la corde dans les « queues-de-cochon » en plus de l'utilisation des longes (cette méthode est compliquée et difficile à mettre en œuvre).
- **Assurage en autonomie (ferratiste habitué)**: mousquetonnage permanent du câble et des échelons obligatoire: utilisation de longes avec absorbeur d'énergie. Une seule personne entre deux ancrages.

RENSEIGNEMENTS, ENCADREMENT, LOCATION

Fort l'Écluse Aventure:
Route de Genève - 01200 LÉAZ
Tél. 04 50 41 31 49
Site: http://www.fort-lecluse-aventure.com/

SECOURS

Sécurité civile: 112
Pompiers: 18
Samu: 15
Police: 17

FORT L'ÉCLUSE

La Cluse de Gex est depuis l'époque romaine un passage naturel stratégique entre le Jura et les Alpes. Dès 58 av. J.-C., César y fit construire une tour en bois et une enceinte.

Au XIIe siècle, le site appartient aux religieux de Saint-Claude. En 1278, Amédée de Gex y fait construire une maison forte pour prélever un droit de passage sur les personnes et sur les marchandises.

En 1293, la famille de Gex cède le site au comte Amédée V de Savoie. En 1590, les troupes genevoises assiègent le site qui se retrouve en ruines.

Avec le rattachement de la Bresse, du Bugey et du bailliage de Gex à la France en 1601, le site devient territoire français. Tout au long des XVIIe et XVIIIe siècles, le fort inférieur est rénové et réaménagé. Une route passe dans son enceinte.

De 1831 à 1841, le fort supérieur est construit afin de protéger le fort inférieur d'une possible attaque par la montagne. Pour relier les deux forts, un escalier souterrain de 1165 marches est creusé dans la roche.

En 1936, un tunnel routier est percé sous le fort. Entre 1936 et 1939, des ouvrages militaires type Maginot sont rajoutés pour à nouveau contrôler le passage.

Durant la guerre, il est occupé par l'armée allemande. Il est ensuite occupé par l'armée française jusqu'à sa désaffection en 1956.

Source: http://fr.wikipédia.org

AU DÉPART DE VULBENS (parking de Tire-Cul : 640 m)

19. Golet du Pey (860 m) Oratoire Sainte-Victoire (934 m)

3 h 30

9,7 km

350 m

- **Parcours partiellement balisé.**
- **Points de vue non sécurisés.**
- **Prudence : risques de glissades sur les affleurements de la roche.**

Depuis **Saint-Julien-en-Genevois**, rejoindre **Valleiry**, puis **Vulbens** par la **D1206**. À **Vulbens**, prendre à gauche pour rallier la **mairie**. Suivre ensuite le fléchage « **Sentier du Vuache** ».
En venant de **Valserhône** par la **D1206**, dépasser **Léaz** et **Longeray**, emprunter le **tunnel de Fort-l'Écluse** puis bifurquer à droite en conservant la **D1206**.
À **Vulbens**, prendre à droite pour rallier la **mairie**.
Suivre ensuite le fléchage **« Sentier du Vuache »**.
Laisser son véhicule sur le **parking de « Tire-Cul »** (table de pique-nique).

Cette promenade en forêt offre quelques jolis points de vue sur le Rhône, mais aussi sur la chaîne Retord-Grand Colombier, sur la Haute Chaîne du Jura et sur le Mont Blanc.
À l'extrémité de la pointe nord de la montagne du Vuache, le site historique de l'oratoire Sainte-Victoire surplombant le défilé de l'Écluse interpelle le marcheur.
Une table d'interprétation informe sur l'histoire de l'emplacement où un oppidum (centre urbain) celtique fut bâti afin de surveiller le passage dans le défilé de l'Écluse.

Le sentier du Vuache.

CIRCUIT PÉDESTRE : **Vulbens** (parking de « Tire-Cul » : 640 m) - Tire-Cul - **Le Golet du Pey** (860 m) - **Sentier balcon du Léman** - La Balme (890 m) - **Oratoire Sainte-Victoire** (934 m) - **Sentier balcon du Léman** - La Balme (890 m) - Tire-Cul - parking de « Tire-Cul ».

ITINÉRAIRE

Depuis le parking, la vue sur le barrage de Pougny-Chancy retient l'attention du visiteur.

Montez par le chemin herbeux qui débute contre la table de pique-nique. Il se prolonge par un sentier dans un talweg qui grimpe dans le bois. Vous aboutissez sur une large place de stockage de grumes. Rejoignez le captage où vous tournez à gauche. Conservez le chemin principal en ignorant la direction de « Sainte-Victoire ». Plus haut, la voie tourne à

Au Golet du Pey : vues sur le Rhône et sur l'autoroute A40.

Vue sur le Mont Blanc.

droite avant de traverser une longue prairie dans une clairière. Quelques pancartes rustiques en bois indiquent la direction à suivre : « Golet du Pey ». Prenez ensuite à gauche, puis tournez encore à gauche sur un replat boisé. L'itinéraire continue horizontalement en s'orientant au sud-est. Il aboutit sur une large piste que vous empruntez en montant et en laissant à gauche la direction de « Cessens ». Vous aboutissez à l'embranchement du « Golet du Pey est » (855 m, panneau sur la flore et la faune).

Le sentier balcon du Léman, en bordure de coteau.

Le Rhône et le village de Léaz.

Vue sur l'extrémité sud de la Haute Chaîne du Jura et sur le village de Longeray.

Continuez en face pour un aller-retour au « Golet du Pey ouest » (860 m). En bordure du coteau, une sente à gauche mène au point de vue qui regarde le Rhône tout en surplombant « l'Autoroute Blanche ». Prudence, falaises, espace non protégé. Appréciez le panorama avant de revenir sur vos pas jusqu'au « Golet du Pey est » où vous bifurquez à gauche pour continuer par le sentier de crête du « balcon du Léman ». Repérez l'embranchement de « la Balme sud » (890 m). Vous devrez revenir jusqu'ici pour emprunter le chemin qui descend. Pour lors, continuez sur le faîte de la chaîne montagneuse par un parcours en « dos de chameau ». Le sentier suit un instant la bordure du coteau escarpé en offrant sur la gauche un espace herbeux qui domine le Rhône tout en regardant résolument le village de « Léaz ». Mais la prudence est de mise car le terrain est en pente au-dessus du précipice.

L'itinéraire s'élève enfin avant d'atteindre un panneau d'interprétation informant sur le site historique, puis l'oratoire « Sainte-Victoire » (934 m).

Contournez le petit édifice pour rallier un autre panorama sur le fleuve. Revenez ensuite sur vos pas jusqu'à l'embranchement de « la Balme sud » où vous descendez par le vieux chemin creux, à gauche. Sur sol humide ou verglacé, méfiez-vous des glissades sur les affleurements de la roche.

Continuez tout droit, puis dans une fourche en Y, utilisez la branche de gauche. Dépassez un pré dans une clairière et poursuivez jusqu'à un embranchement où vous bifurquez à gauche. Traversez la longue prairie en sens inverse (vue magnifique sur le Mont Blanc) avant de revenir par les mêmes chemins.

L'ORATOIRE SAINTE-VICTOIRE ET L'OPPIDUM DU VUACHE

L'oratoire de Sainte-Victoire accueille chaque lundi de Pentecôte un pèlerinage et une messe en plein air. Cette chapelle, bâtie à l'origine un peu avant l'an 1000, rend hommage à Victoire, religieuse qui se jeta du haut de la montagne pour échapper à des pillards sarrasins. Sauvée par la main de Dieu, elle sortit saine et sauve de cette spectaculaire chute.

Reconstruit en 1851, l'oratoire se trouve au cœur d'un oppidum, site fortifié bâti par les Allobroges. Cet avant-poste sans doute formé de quelques bâtiments disposait en outre d'un impluvium (bassin creusé pour recueillir l'eau de pluie) dont la présence est encore visible de nos jours. Protégé sur trois côtés par les falaises du Vuache, cet oppidum était barré sur son accès sud-est par un long mur de pierres construit sur un talus.

Cette enceinte, toujours visible aujourd'hui, avait environ dix mètres de hauteur. Ce site fortifié faisait partie de la ligne de défense de la plaine du Genevois. L'oppidum du Vuache permettait de surveiller le défilé de l'Écluse, entrée dans la plaine du Genevois, un secteur marquant la frontière entre les tribus allobroges, séquanes et helvètes. Ce site celte a par la suite été christianisé avec le culte à Sainte-Victoire.

Sources : journal le Gessien et table d'interprétation sur le site.

AU DÉPART DE POUGNY (parking du marais de l'Étournel : 341 m)

20. Marais de l'Étournel (333 m)

1 h

2,3 km

9 m

• Une portion de l'itinéraire est conçue pour l'accessibilité aux personnes à mobilité réduite et aux malvoyants.
• Rester sur les sentiers aménagés.

À **Bellegarde-sur-Valserine (Valserhône)**, prendre la **D1206** en direction de Genève. Après le **tunnel de Fort l'Écluse**, bifurquer à gauche par la **D994** en direction de Gex. Laisser Collonges à gauche, et **au rond-point avant la voie rapide**, tourner à droite par la **D984B**. Traverser le village de **Pougny**, puis prendre la première route à droite (**C6**) après le panneau de fin d'agglomération (turbine). Tourner enfin à gauche par la **« route de l'Etournel »**.
Laisser son véhicule sur le **parking tout de suite après le pont sous la voie ferrée**.

Les plans d'eau, anciennes gravières au bord du fleuve, sont devenus marais très appréciés par la faune, en particulier par les oiseaux migrateurs. Encadrés par le Vuache, le Rhône, le défilé de l'Écluse et la Montagne du Grand Crêt d'Eau, les lacs miroitent la splendeur du paysage. Plusieurs observatoires sont installés pour faciliter la contemplation des animaux sauvages qui peuplent le site.

Le Rhône.

ITINÉRAIRE

Le sentier débute en contournant une barrière métallique. À l'embranchement devant un plan d'eau (nommé « la Grande Gouille » par les habitants du secteur), prenez à gauche. Vous aboutissez vers une pelouse fleurie que vous pouvez traverser pour aller voir le Rhône. Le fleuve coule impétueusement en créant de multiples remous. Toute baignade est proscrite car les risques de noyade sont importants. Revenez sur vos pas et poursuivez par le sentier qui contourne le lac. Plusieurs sentes mènent au bord du fleuve.

Vous bénéficiez d'une vue très esthétique sur la montagne du Grand Crêt d'Eau. Plus loin, ne terminez pas le tour de la Grande Gouille, mais tournez à gauche pour longer un autre lac.

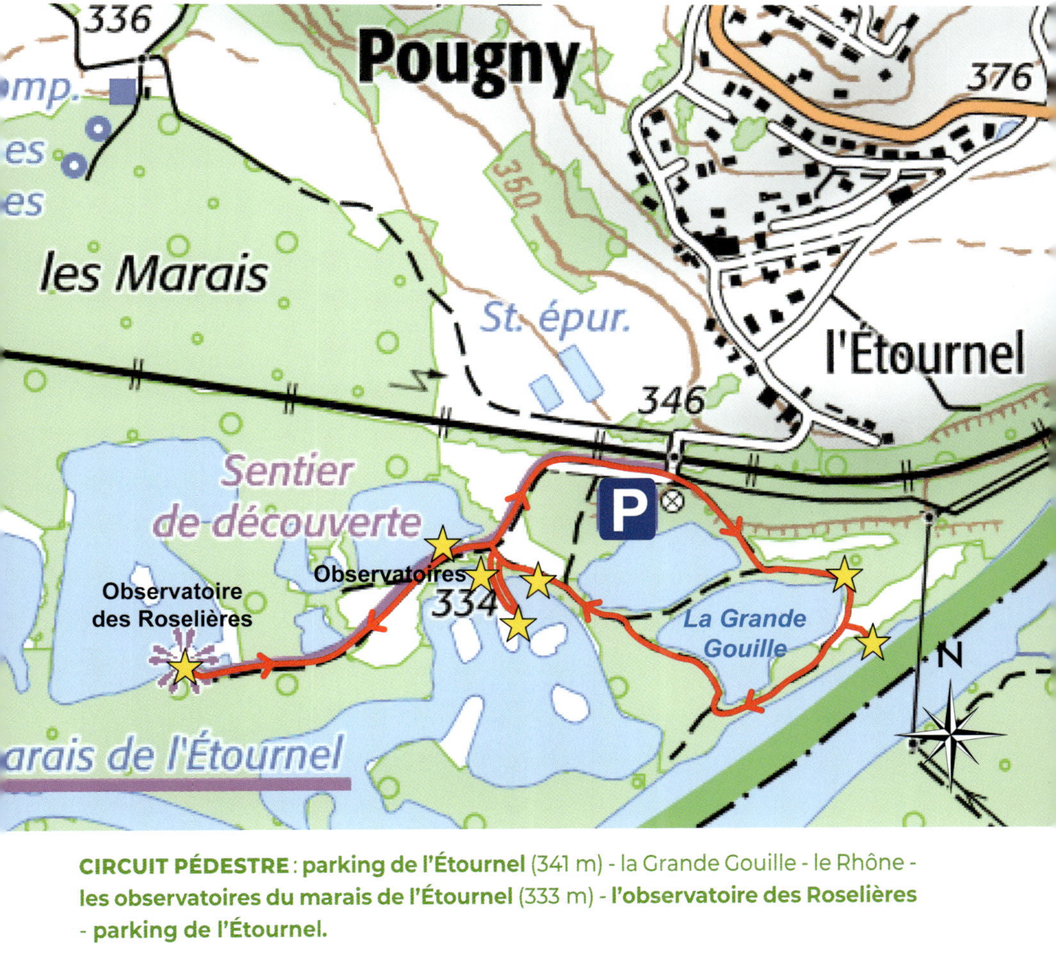

CIRCUIT PÉDESTRE : parking de l'Étournel (341 m) - la Grande Gouille - le Rhône - **les observatoires du marais de l'Étournel** (333 m) - **l'observatoire des Roselières - parking de l'Étournel.**

Sur les berges de la « Grande Gouille »: vue sur la montagne du Grand Crêt d'Eau.

Vous aboutissez à un embranchement marqué par une table d'interprétation ronde supportée par un poteau indicateur qui traverse son centre.

Prenez à gauche par le chemin entre les balustrades pour vous rendre successivement sur trois postes d'observation. Un bras du Rhône au fond du marais retient plus particulièrement votre attention.

Le Vuache, le défilé de l'Écluse et la montagne du Grand Crêt d'Eau encadrent agréablement le paysage.

Rebroussez chemin jusqu'à la bifurcation de la table d'interprétation circulaire où vous continuez à gauche. Appréciez deux places d'observation à mi-parcours, puis rejoignez l'« observatoire des roselières », construit en demi-cercle et abrité par une toiture.

De nombreuses lucarnes à diverses hauteurs offrent la possibilité à tout

Chemin des trois postes d'observation.

public, enfants et adultes, d'observer en toute discrétion la faune qui peuple le secteur. Au fond, la chaîne du Haut-Jura ferme la ligne d'horizon.

Revenez sur vos pas, puis à l'embranchement de la table d'interprétation ronde, appuyez à gauche. Franchissez la barrière d'entrée (ou de sortie) du site et poursuivez en face sur le goudron pour rapidement retrouver votre véhicule.

Depuis l'observatoire des roselières : vue sur le Marais de l'Étournel et sur la Haute Chaîne du Jura.

LE MARAIS DE L'ÉTOURNEL, ESPACE NATUREL SENSIBLE

Il s'agit d'une zone alluviale constituée d'une ancienne carrière d'extraction de galets largement recolonisée par des boisements humides caractéristiques (saules, aulnes, peupliers noirs...) suite à l'arrêt de l'extraction en 1990. Identifié d'intérêt communautaire, ce site est classé NATURA 2000 pour sa richesse naturelle.

Les huit étangs et la forêt alluviale du Rhône hébergent une biodiversité remarquable. Ils bénéficient d'ailleurs d'un arrêté interpréfectoral de protection de biotope instauré en 2019.

La labellisation du site en 2015 a permis de coordonner la mise en œuvre du projet de restauration. Le Parc Naturel du Haut-Jura est gestionnaire du site par convention avec la Compagnie nationale du Rhône (propriétaire du foncier). L'agglomération et les deux communes de Pougny et Collonges sont étroitement associées à la gestion du site.

LE MARAIS DE L'ETOURNEL
LA BIODIVERSITÉ DU SITE

- **Insectes**: papillon cuivré des marais, libellule agrion de mercure
- **Oiseaux**: nette rousse, bihoreau gris, blongios nain, pic noir, busard des roseaux, butor étoilé... (site de halte migratoire)
- **Mammifères**: cerf, castor...
- **Amphibiens**: sonneur à ventre jaune
- **Et plus de trente espèces floristiques** patrimoniales recensées dont quatre protégées au niveau régional (renoncule à feuille de céleri, pigamon de bauhin, butome à ombelle, pâturin des marais).

Le marais constitue un site de halte migratoire essentiel, ce qui en fait un lieu d'observation des oiseaux idéal.
Les aménagements ont été pensés pour une accessibilité facilitée à tous les publics (mal voyant, personnes à mobilité réduite, parents avec poussette, personnes âgées...) en lien avec les usages du site (exemple: l'handi-pêche).

Respectez la réglementation de protection du milieu naturel, que vous pouvez retrouver sur les panneaux à l'entrée du site.

Source: https://patrimoines.ain.fr/n/marais-de-l-etournel-a-pougny-et-collonges/n:1177

AU DÉPART DE CHANCY (parking du Vallon du Longet : 425 m)

21. Réserve naturelle du Vallon du Longet (passerelle 357 m) - Escaliers des Douaniers - Le Rhône (339 m)

Une jolie forêt mixte composée de beaux pins sylvestres, de chênes, de frênes et de quelques mélèzes avec un sous-bois tapissé de prêles, offre un charme singulier à la promenade.
Une audacieuse passerelle suspendue, des volées d'escaliers, des grosses bornes frontalières et le fleuve impétueux caractérisent ce parcours insolite.

2 h

4,85 km

150 m

• Prudence le long de la route de Valleiry : rester sur l'accotement.
• Le sentier du retour n'est pas balisé, mais il est évident.

Depuis **Valleiry**, prendre la **D23** en direction de Chancy. Dépasser la **douane** et laisser son véhicule sur le **parking de la « Réserve naturelle du Vallon du Longet »**.

Au départ : le chemin du Bois des Crevasses.

21 RÉSERVE NATURELLE DU VALLON DU LONGET (passerelle 357 m) ESCALIERS DES DOUANIERS - LE RHÔNE (339 m)

CIRCUIT PÉDESTRE : **Parking de la Réserve naturelle du Vallon de Longet** (425 m) - Bois des Crevasses - Bois de Chancy - **Passerelle sur le Longet** (357 m) - les Plantons (415 m) - **Escalier des Douaniers - Vers Veaux** (339 m) - **le Rhône** (334 m) - le Longet - douane - route de Valleiry - Bois de Chancy - Bois des Crevasses - **Parking de la Réserve naturelle du Vallon de Longet**.

ITINÉRAIRE

Empruntez le petit chemin goudronné qui débute à droite du panneau de la « Réserve naturelle du Vallon du Longet » et qui se dirige vers l'ouest. Prenez ensuite le deuxième sentier à gauche après le tournant à droite du chemin (vous trouvez l'indication de « Circuit du Bois des Bouchets » sur un poteau). Un peu plus loin, descendez par les escaliers en face et poursuivez à flanc de coteau dans une petite plantation de mélèzes, puis conservez le sentier principal.

La passerelle du Longet.

Vers un poteau avec une grosse flèche jaune, descendez à droite. Plusieurs séries d'escaliers dans un tapis de prêles dégringolent vers la passerelle suspendue qui enjambe le vallon de Longet.

Sur l'autre versant, plusieurs volées d'escaliers vous élèvent sur le plateau. Prenez le « chemin de Fargout » (goudronné) à gauche. Au carrefour des « Plantons : 415 m », dirigez-vous vers les « Escaliers des Douaniers » en suivant les bornes frontalières. La descente s'effectue par paliers sur les terrasses fluvioglaciaires du Rhône. La dernière volée d'escaliers, assez rapide, est sécurisée par une grosse corde placée en main courante.

En bas, utilisez le sentier de lisière à droite, gravissez quelques marches, descendez par la route à gauche, puis continuez à droite sur le goudron. La voie suit la lisière de la plaine de « Vers Veaux » en s'orientant au nord-est. Vous bénéficiez d'une très belle vue sur la Haute Chaîne du Jura tout en progressant dans une prairie paisible. Vers la barrière interdisant l'accès aux véhicules à moteur, descendez à gauche pour vous rendre sur la berge du Rhône. Appréciez la puissance du fleuve avant de remonter sur la « route de Vers Veaux » par laquelle vous continuez. L'itinéraire s'élève tranquillement au-dessus du fleuve (vue sur le pont de Chancy au travers de la frondaison), puis il dessine une courbe à droite pour traverser le « vallon de Longet ». Conservez la voie asphaltée jusqu'à la douane où vous bifurquez franchement à droite par la « route de Valleiry ». Par prudence, restez sur l'accotement étroit, sur la gauche de la route. Dans la première épingle à gauche, prenez le sentier, peu entretenu au départ, à droite. Le parcours est ensuite plus évident, il se dirige horizontalement vers le sud au-dessus du « vallon du Longet ».

Dans ce secteur, les archéologues ont découvert en 1918 des restes de fours romains qui ont dû fonctionner entre 200 av. J.-C. et le VIIe siècle après J.-C. En 2009, le service cantonal d'archéologie a entrepris de nouvelles fouilles sur ce site archéologique. Un deuxième four, inconnu jusqu'alors, a également été découvert dans le cadre de ces travaux. Selon l'archéologue cantonal, ce site n'aurait pas pu être conservé tel quel une fois les travaux de fouilles terminés. Après un important travail de relevés, de photographies et de documentation, il était à nouveau recouvert avec de la terre.

Source: https://fr.wikipedia.org/wiki/Tuilerie_romaine_des_Bois_de_Chancy

Au-dessus de la passerelle.

Escalier des Douaniers.

Sur la prairie de « Vers Veaux »: vue sur la Haute Chaîne du Jura.

Vous terminez sur le sentier du départ que vous réutilisez à gauche pour traverser la pente sous la plantation de mélèzes. Revenez ensuite par le même itinéraire jusqu'au parking.

Le Rhône.

AU DÉPART DE LA CROISETTE (parking de la Bouillette : 1213 m)

22. Sentier du Salève : Trou de la Tine (1 250 m) Rochers de Faverges (1 280 m) Panorama sur les Alpes (1 300 m)

2 h

5,3 km

170 m

• Le sentier du Salève utilise une vire aérienne.
• Surveiller les enfants de très près.
• Les personnes sensibles au vertige peuvent utiliser le sentier de bordure, dans l'alpage.

À **Cruseilles**, prendre la **D41a** en direction du **Salève**. Dépasser le hameau de **la Croisette** et poursuivre jusqu'au **parking de la Bouillette** (1213 m).
À **Étremblières**, prendre la **D41a**, traverser les villages de **Mornex** et de **Monnetier**, puis continuer jusqu'au **parking de la Bouillette** (1213 m).
Depuis **Collonges-sous-Salève**, emprunter la **D45** en direction du **Salève**. À **la Croisette**, bifurquer à gauche par la **D41a** pour rallier le **parking de la Bouillette** où il faut garer son véhicule.

Le sentier du Salève utilise une vire aérienne bordée de falaises majestueuses. Il contraste avec l'ambiance paisible des alpages d'où se dévoilent des panoramas grandioses sur les Alpes et des points de vue fabuleux dominant le Léman et l'agglomération genevoise.

Le sentier de Grande randonnée Balcon du Léman.

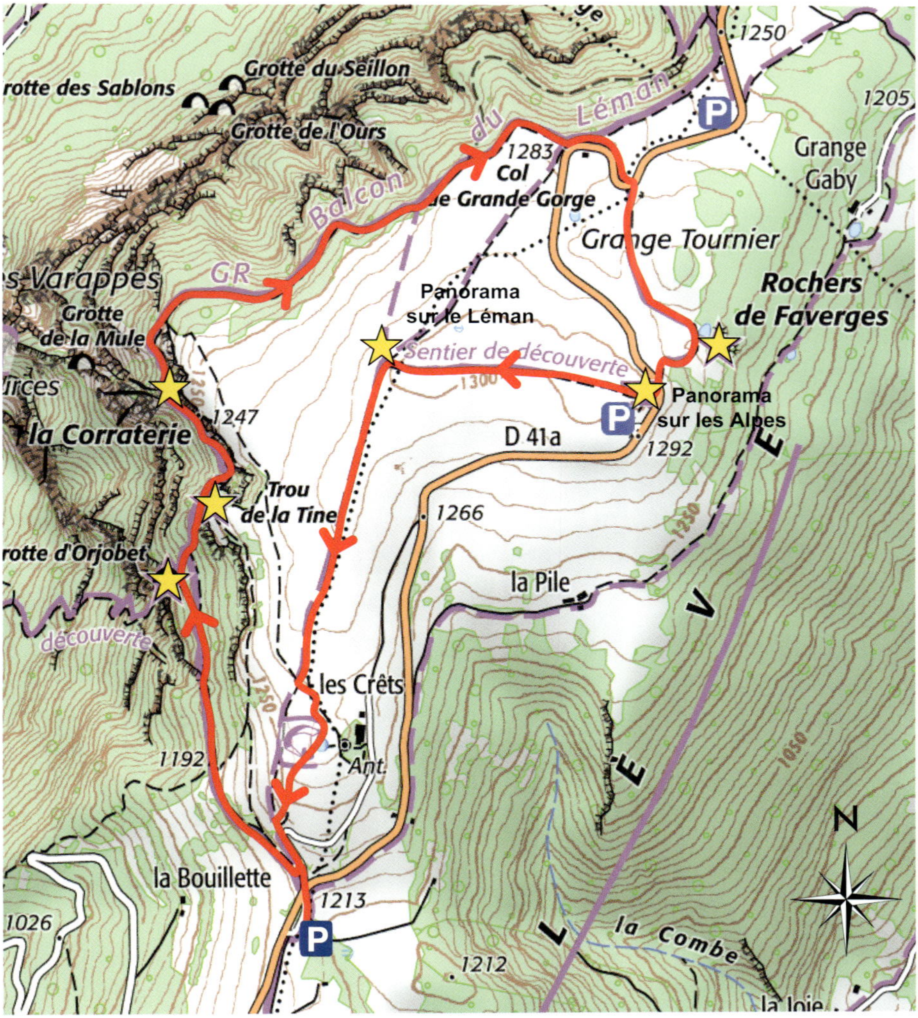

CIRCUIT PÉDESTRE : parking de la Bouillette (1213 m) - **Trou de la Tine** (1250 m) - **la Corraterie** (1200 m) - Col de la Grande Gorge (1283 m) - Grange Tournier - **Rochers de Faverges** (1280 m) - **Panorama sur les Alpes** (1300 m) - **Panorama sur Genève et le Léman** (1300 m) - Les Crêts (antenne 1270 m) - **parking de la Bouillette**.

ITINÉRAIRE

Traversez la route départementale (D14a) au niveau du panneau « Stop » et utilisez le sentier balcon du Léman balisé de blanc et de rouge. Continuez tout droit au premier embranchement. Un peu plus loin, ignorez la direction de la « Grotte d'Orjobet », puis poursuivez en face au croisement suivant. Remarquez la magnifique arche du « Trou de la Tine ». À « la Corraterie » (1200 m), conservez le sentier marqué de blanc et de rouge et appréciez la beauté du site. Le parcours utilise une vire qui longe des falaises majestueuses tout en regardant le Léman et la ville de Genève. Une énorme croix de Savoie, visible du bas, est peinte contre la roche. Plus loin, vers un bloc qui borde le sentier, un câble est installé pour sécuriser la progression. Après ce dernier passage vertigineux, l'itinéraire pénètre dans la forêt, il franchit facilement un petit ressaut et grimpe dans le coteau.

Continuez toujours tout droit pour aboutir dans une prairie où vous suivez la lisière avant de rallier la route du Salève. Prenez à gauche devant le mur de soutènement de la voie départementale, puis après un bosquet, montez à droite dans la prairie. Longez la route avant

Le Trou de la Tine.

Le sentier du Salève utilise une vire aérienne.

Passage sécurisé par un câble.

de la traverser pour utiliser l'entrée d'un pré à droite dans le virage à gauche. Le sentier balisé longe une clôture pour aboutir devant les curieux « Rochers de Faverges ». Appuyez à droite avant d'utiliser un portail encore à droite. Montez dans l'herbage en vous fiant à la minuscule sente et aux poteaux supports de balises.

En haut, utilisez la route à gauche, puis empruntez le sentier à droite dans une ancienne carrière (table de pique-nique). Grimpez par la sente de bordure pour rejoindre les tables d'orientation et d'interprétation.

Le panorama sur les Alpes est grandiose avec le Mont Blanc qui s'impose et le Môle au premier plan. Appréciez le paysage, puis empruntez le passage aménagé pour entrer dans le parc à bestiaux. Montez dans le pâturage pour traverser la ligne de crête, vous dirigeant vers l'ouest et en suivant les poteaux supports de balises.

Franchissez une clôture vers le panneau de randonnée « Alpage des Crêts : 1300 m ». Ici, vous dominez l'agglomération genevoise, le Rhône et le Léman. En ligne d'horizon se dessine la Haute Chaîne du Jura.

Continuez à gauche pour longer la palissade de fils de fer barbelés. Dans la fourche en Y, l'itinéraire continue par la branche de droite, mais nous choisissons celle de gauche qui nous élève sur un mamelon où est érigée une antenne.

Descendez ensuite sur la croupe afin de rejoindre le parcours classique vers un portillon que vous utilisez, à gauche. Une petite route vous ramène au parking.

Arrivée vers les rochers de Faverges

Vue sur Genève et le Léman.

OFFICES DE TOURISME

Office de Tourisme de Yenne
Maison de la Dent du Chat
1, chemin du port - 73170 Yenne - Tél. 04 79 36 71 54
Site: https://www.pays-lac-aiguebelette.com/

Office de Tourisme Bugey Sud Grand Colombier
Bureau de Belley
34, Grande Rue - 01300 Belley - Tél. 04 79 81 29 06
Site: https://www.bugeysud-tourisme.fr/

Office de Tourisme Bugey Sud Grand Colombier
Bureau de Culoz-Béon
Rue du Stade - 01350 Culoz-Béon - Tél. 04 79 81 29 06
Site: https://www.bugeysud-tourisme.fr/

Office de Tourisme Rumilly-Albanais
1, place de la Manufacture - 74150 Rumilly - Tél. 04 50 64 58 32
Site: https://www.rumilly-tourisme.com/

Office de Tourisme de Seyssel:
Haut-Rhône Tourisme
12, place Gallatin - 74910 Seyssel - Tél. 04 50 59 26 56
Site: https://www.hautrhone-tourisme.fr/

Office de Tourisme de Frangy:
Haut-Rhône Tourisme
35, place de l'Église - 74270 Frangy - Tél. 04 50 32 26 40
Site: https://www.hautrhone-tourisme.fr/

Office de Tourisme de Bellegarde sur Valserine
Terre Valserhône Tourisme
71, rue de la République - 01200 Valserhône - Tél. 04 50 48 48 68
Site: https://www.terrevalserhone-tourisme.fr/

Office de Tourisme du Pays de Gex
Bureau d'information de Gex
118, rue des Terreaux - 01170 Gex - Tél. 04 50 28 09 16
Site: https://www.paysdegex-montsjura.com/

Bureau d'informations des Monts du Genevois
Office de Tourisme de Neydens
500, route des Envignes - Enceinte de Vitam'Parc - 74160 Neydens
Tél. 04 50 04 71 63
Site: https://www.montsdugenevois.com/

Office de Tourisme des Monts du Genevois
Maison de la Mobilité et du Tourisme
2, place de la Gare - 74100 Annemasse - Tél. 04 50 95 07 10
Site: https://www.montsdugenevois.com/

Dans la même collection :

Balades et randonnées le long du Haut-Rhône
Tome 1 entre Lyon et Yenne

Yves RAY
Parution 2024
104 pages couleur
Format 14,5 x 21
EAN : 9782 74170 7608
Prix public : 11,90 euros
16 itinéraires

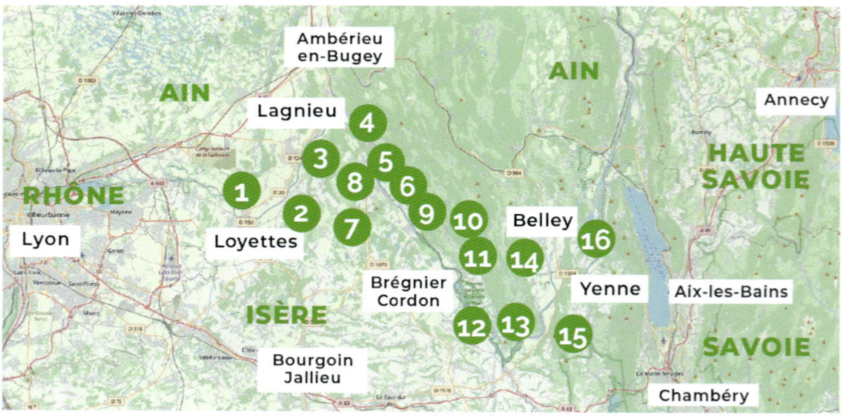

Section hors sentier dans le pré-bois du Golet du Tilleul.

Four banal, à Serrières-de-Briord.

Du même auteur, chez le même éditeur...

SECTEUR AIN

SUD DE L'AIN : BAS-BUGEY VALROMEY

Yves RAY
AIN
2020
192 pages couleur
Format 14,5 x 21
EAN : 9782 74170 6489
Prix public : 16,90 euros
25 itinéraires
1 itinérance

NORD DE L'AIN : HAUT-BUGEY - RETORD - HAUT-JURA

Yves RAY
AIN
4e édition 2021
224 pages couleur
Format 14,5 x 21
EAN : 9782 74170 6519
Prix public : 17,90 euros
31 itinéraires
1 itinérance

BUGEY

Yves RAY
AIN
2021
224 pages couleur
Format 16,5 x 24,2
EAN : 9782 74170 5574
Prix public : 20 euros
38 itinéraires

BUGEY

Yves RAY
AIN
2020
128 pages couleur
Format 14,5 x 21
EAN : 9782 74170 5130
Prix public : 13,50 euros
22 itinéraires

REVERMONT ET VALLÉE DE L'AIN

Yves RAY
AIN
2019
192 pages couleur
Format 14,5 x 21
EAN : 9782 74170 6243
Prix public : 16,90 euros
33 itinéraires

SECTEUR JURA

Yves RAY
JURA
2023
288 pages couleur
Format 16,5 x 24
EAN : 9782 74170 7127
Prix public : 25 euros
65 itinéraires

Collection **Caline Sentiers**

Balades et randonnées le long du **Haut-Rhône**

Tome 2

éditions gap

Conception - Composition - Photogravure :
GAP Éditions Communication

AUTEURS : Vous désirez éditer un ouvrage
(guide, topoguide, livre...) relatif aux domaines : Sport, Nature

CONTACTEZ-NOUS.

Ce livre est distribué exclusivement par les Éditions GAP

Pour COMMANDER : vos librairies, magasins habituels
et VPC ou à défaut aux Éditions GAP
2 rue du Marais - ZAC du Puits d'Ordet
73190 CHALLES-LES-EAUX (Chambéry, France)
Tél. 04 79 33 02 70
e.mail : librairie@gap-editions.fr

Intégralité de notre catalogue sur :
www.editionsgap.fr

ISBN : 978 - 2 - 7417 - 0778 - 3

EAN : 9782 74170 7783
Dépôt légal 2e trimestre 2025
Imprimé en Union européenne en avril 2025